매경TEST

핵심 예제 162선 Ⅱ

대한민국 최고 권위의 경제·경영 이해력 인증시험

매경TEST

핵심 예제 162선 II

매일경제 경제경영연구소 편

매일경제신문사

머 리 말

2009년 8월 15일이었다. 가만히 서 있어도 굵은 땀이 배어 나오는 참 더운 날이었다. 매경TEST가 세상에 첫 선을 보인 그날, 고품격 상품을 자신 있게 세상에 내놓았지만 호응이 어떨지 솔직히 걱정도 됐다. 하지만 손수건으로 연신 땀을 닦던 나는 고사장인 서울 한양공업고등학교로 몰려드는 수많은 젊은이들을 바라보면서 찡한 감동을 받았었다. 대한민국의 밝은 미래를 봤기 때문이었다.

시험을 전국으로 확대한 그해 11월 1일, 부산 경성대학교 대강당에 들어찬 수백 명의 응시자 모습이 매일경제 1면 머리 사진으로 소개되었다. 이후 매경TEST는 업계의 화제로 떠올랐다. 유난히 추웠던 2010년 1월에는 15세부터 62세까지 전 연령층에서 3,000여 명이나 되는 응시자들이 손을 비벼가며 전국의 고사장을 찾았었다. 매일경제는 '공부의 신(神)들, 추위를 녹이다'라는 제목의 기사로 수험생들의 열기를 전하기도 했다.

매경TEST가 태어나기까지는 많은 준비와 땀이 필요했다. 지금까지 세상에 존재하지 않았던 것을 만들어 내기 위해 산고(産苦)를 겪어야 했다. 매년 국민보고대회와 세계지식포럼을 개최, 국가적 아젠다를 제시해 온 매일경제는 국내 언론계에서 가장 많은 박사와 MBA를 보유한 싱크탱크로 지식 창출의 시너지 효과를 내고 있다. 논설위원을 비롯해 박사와 MBA 학위를 가진 중견기자들, 매일경제와 뜻을 같이 하면서 감수위원과 출제위원으로 참여해주신 국내외 저명 교수님들, 매경TEST의 빈틈없는 시행을 위해 인프라 기반을 닦아준 사업파트너들이 힘을 모아 함께 문제를 만들었다. 선진국 사례를 찾기 위해 해외로도 뛰었다.

2011년 11월 매경TEST는 시행 10회를 맞는다. 시행한 지 2년이 넘은 매경TEST는 이제 대학가에서는 취업 준비의 필수 과정으로, 기업·금융계에서는 새로운 인재선발 기준으로 자리 잡고 있다. 매경TEST를 취업 필기시험으로 채택하는 대기업들이 나날이 늘고 있고, 성적우수자들 중에는 신입사원을 뽑겠다는 경제단체와 기관이 있으며, 고득점자에게 승진 가산점을 줘 전 직원이 단체로 응시하는 공기업도 늘어나는 추세다.

응시 계층도 전국의 중·고등학생에서부터 대학·대학원생, 공무원, 60세가 넘는 고령자에 이르기까지 폭넓은 상황이다. 심지어 몸이 불편한 이들도 매경TEST를 치르겠다며 시험편의를 요청해오기도 했다. 매경TEST는 국가공인도 땄다. 졸업시험으로 대체하겠다는 대학도 늘고 있는 실정이다.

경제와 경영을 융합한 매경TEST는 이론과 현실의 균형감각과 통섭적인 사고력을 갖춘 인재가 자라나는 데 밑거름이 될 것임을 자부한다. 경제학은 세상의 큰 흐름을 읽을 수 있는 소양을 계발해주고, 경영학은 현실과 이론을 접목해 전략적인 사고력을 길러 주기 때문이다. 매경TEST는 단순한 취업의 스펙이나 승진을 위한 자격증에 머물지 않는다. 대한민국 모든 국민이 경제·경영 지식으로 무장해 생활의 지혜를 얻고 1인당 국민소득 4만 달러 시대를 여는 최선의 도구로 쓰일 것이다. 이는 국내 1위 경제신문 매일경제의 소임이기도 하다.

이 책은 경제·경영 분야 국내 석학들이 직접 출제해 신문에 게재한 매경TEST 예상문제들을 모은 것이다. 매경TEST 고득점을 위한 좋은 수험서가 될 것이다. 부디 열공해 우수한 성적을 거두길 바란다.

매경TEST를 보다 완벽한 시험으로 만들기 위해 불철주야 애쓰고 있는 매일경제 경제경영연구소 홍기영 부장, 윤재오 부장, 김웅철 차장, 윤봉민 팀장, 그리고 김재진 선임연구원, 박승룡 연구원, 채민정 연구원, 김성실 사원, 서윤석·윤송희 인턴사원의 노고를 치하한다. 아울러 매경TEST의 발전을 위해 깊은 애정과 큰 도움을 주신 유장희 감수위원장님(이화여자대학교 명예교수, 학술원 정회원)과 민상기 청소년 금융교육협의회 회장님(서울대학교 교수)을 비롯한 모든 출제·감수위원 여러분들께 감사의 말씀을 드린다.

매일경제 편집국장 겸 경제경영연구소장

박재현

• 차례 •

Contents

경제

Part

001 인철은 오늘 저녁 요즘 인기 절정인 가수 L 양의 공연을 볼 수 있는 공짜 티켓을 한 장 얻었다. 그런데 이 티켓은 다른 사람에게 양도하거나 팔 수 없다. 한편 세계적으로 명성이 높은 베를린 필하모니가 같은 시간에 예술의 전당에서 연주회를 한다. 베를린 필하모니 연주회 티켓가격은 10만 원이다. 인철은 이 연주회에도 관심이 있는데, 이를 위해 기꺼이 18만 원까지 지불할 의사가 있다. 그런데 인철은 이 두 개 공연 중 하나를 선택해야 한다. 어느 것을 택하든 다른 추가 비용은 없다고 할 때, 인철이 오늘 저녁 L 양 공연을 보러 가기로 한다면 기회비용은 얼마인가?

① 0원
② 8만 원
③ 10만 원
④ 18만 원
⑤ 28만 원

해설

기회비용은 '포기한 차선의 기회에 대한 가치'로 정의된다. 이와 같이 기회비용은 유한한 자원을 여러 가지 용도에 사용할 수 있을 때에 성립한다. 이런 의미에서 기회비용은 미래 지향적이며 의사 결정을 하는 데 기준이 되는 비용 개념이다.

똑같은 시간대에 하는 두 개 공연 가운데 하나를 선택해야 할 때 인철에게 최선의 선택은 L 양 공연을 보러 가는 것이고 차선의 선택은 베를린 필하모니 연주회에 가는 것이다.

그런데 인철에게 베를린 필하모니 연주회의 가치는 자신이 지불할 의사가 있는 18만 원에서 티켓가격 10만 원을 공제한 값인 8만 원이다. 따라서 L 양 공연을 보러 가는 데 대한 기회비용은 8만 원이다. 기회비용의 정의는 간단하다. 그렇지만 현실에 적용해 기회비용을 측정할 때는 가끔 혼란이 발생한다. 특히 정부가 주도하는 여러 가지 국책사업에 대해 기회비용을 정확하게 측정하는 것이 간단하지 않을 때도 흔히 있다.

최근 쟁점이 되고 있는 4대강 정비사업도 그런 예 가운데 하나다. 이런 문제를 기회비용 관점에서 접근하면 불필요한 논쟁을 종식시킬 수 있을 것이다.

정답 ②

002 병규는 100만 원을 두 가지 위험한 사업 중 하나에 투자할 것을 검토하고 있는데 성공이냐 실패냐에 따라 각 사업에서 예상되는 수입은 다음과 같다. 병규가 사업에 투자하기로 결정했다고 할 때 병규에 대한 설명으로 가장 옳은 것은?

구분	성공	실패
사업 I	160만 원(0.5)	80만 원(0.5)
사업 II	200만 원(0.4)	60만 원(0.6)

*괄호 안 숫자는 확률.

① 위험 기피적 ② 위험 중립적 ③ 위험 애호적
④ 위험 중립적이거나 위험 애호적
⑤ 이것만으로 위험에 대한 태도 단정 불가

해설

사업 I의 기대치는 120만 원이고 사업 II의 기대치는 116만 원이다. 그리고 수입의 변동성 측면에서 사업 II보다 사업 I이 더 안정적이다. 위험 중립적인 사람은 위험한 사업의 기대치에만 관심이 있다. 따라서 기대치가 더 큰 사업 I을 선택했다면 병규는 위험 중립적인 것으로 간주할 수 있다. 그런데 사업 II보다 사업 I은 성공이냐 실패냐에 따른 수입 변동성이 더 작다. 이것은 병규가 위험을 기피하더라도 사업 II보다는 사업 I에 투자하는 것을 더 선호한다는 것을 의미한다. 왜냐하면 사업 I의 확실성 등가가 사업 II의 확실성 등가보다 더 크기 때문이다. 이것은 병규가 한계효용이 체감하는 효용함수를 가지고 있다고 가정하고 각 사업에 대한 기대효용을 비교하면 쉽게 확인할 수 있다. 따라서 병규는 위험 기피적인 태도를 가질 수도 있다. 결론적으로 이 자료만 가지고는 병규가 위험 중립적인지, 위험 기피적인지 단정할 수 없다.

정답 ⑤

003 두바이산 원유가격이 상승하자 A재와 B재의 가격이 상승하였다. 두 재화의 가격 상승에 따라 A재의 판매수입은 감소하고 B재의 판매수입은 증가하였다. 또한 두 재화와 밀접한 관련이 있는 X재의 판매수입은 감소하였다. 단, X재는 원유를 투입 요소로 사용하지 않는 재화다. 다음 중 각 재화에 대한 설명으로 옳은 내용은?

㉠ A재와 B재는 대체재다.
㉡ B재에 대한 수요는 가격에 비탄력적이다.
㉢ X재는 A재에 대한 보완재다.
㉣ X재는 B재에 대한 대체재다.
㉤ X재의 공급이 감소하여 판매수입이 감소한 것이다.

① ㉠, ㉢　② ㉡, ㉢　③ ㉠, ㉣　④ ㉡, ㉤　⑤ ㉣, ㉤

해설

A재와 B재는 투입 요소로 사용되는 원유 가격 상승으로 인해 공급곡선이 상향 이동하고 이에 따라 제품 가격이 상승한다. 따라서 두 재화의 수요량은 감소하게 된다. 수요의 가격 탄력성이 큰 A재는 가격 변화율에 비해 수요량 변화율이 더 크므로 가격에 판매수량을 곱하여 산출되는 판매수입은 감소한다. A재와 B재의 관계는 두 재화 중 한 재화의 가격 변동이 다른 재화에 어떤 영향을 주는지에 대한 정보가 있어야 추론이 가능하므로 두 재화 사이 관계는 알 수 없다.

X재는 원유 가격에 직접 영향을 받지 않으므로 공급곡선 이동에 따른 가격의 상승 요인은 존재하지 않는다. 그럼에도 X재의 판매수입이 감소한 것은 수요가 감소했기 때문이다. 따라서 X재는 A재와 B재에 대한 보완재다.

정답 ②

004 우리나라 합계출산율(total fertility rates)은 2009년 기준 1.15로 경제협력개발기구(OECD) 국가 중 최저치를 기록했다. 다음 중 출산과 관련한 설명과 거리가 먼 것으로 짝지어진 것은?

㉠ 자녀의 출산은 일종의 죄수의 딜레마와 같은 균형을 가져온다.
㉡ 가구 내 남편과 아내에게 자녀는 일종의 공공재적 성격을 지니고 있다.
㉢ 합계출산율이란 기혼여성 한 명이 평생 동안 출산하는 평균 자녀 수를 말한다.
㉣ 일반적으로 가구의 소득이 증가하면 출산하는 자녀 수는 감소하므로 출산은 열등재다.
㉤ 인구가 과다한 경제에서 출산은 공유지의 비극(tragedy of the commons)과 같은 문제를 야기한다.

① ㉠, ㉡
② ㉠, ㉣
③ ㉡, ㉤
④ ㉢, ㉣
⑤ ㉢, ㉤

해설

합계출산율이란 출산 가능한 여성의 나이인 15세부터 49세까지를 기준으로 여성 한 명이 평생의 가임 기간에 출산하는 평균 자녀 수를 의미한다.

경제학자 베커(G. Becker)는 자녀 수와 자녀의 질적 수준이 모두 가구의 효용에 영향을 미친다고 보고 소득 증가에 따라 두 재화의 소비는 모두 증가하는 정상재(normal goods)지만 자녀의 질적 수준에 대한 고려가 소득에 더욱 탄력적이라고 가정했다. 따라서 소득이 증가하면서 자녀의 질적 수준에 대한 수요가 더 크게 증가하고 이는 대체관계에 있는 자녀 수의 기회비용을 증가시켜 자녀 수를 감소시킬 수 있음을 제시했다.

급격한 출산율 저하는 장래 경제 활동에 투입되는 노동자 수 감소로 이어지고 국민총생산에 부정적 영향을 미치므로 적정한 수준의 출산은 국가 경제에 도움이 된다. 이는 죄수의 딜레마 게임처럼 둘 다 협력할 때 더 좋은 보수를 얻게 되지만 둘 다 서로를 배신하는 것이 우월전략균형이 되는 것과 유사하다.

정답 ④

005 독점시장과 완전경쟁시장에 대한 설명으로 적절하지 않은 것끼리 짝지어진 것은? 단, 장기는 모든 투입요소가 변동 가능한 상태를 의미하며, 단기는 적어도 한 가지 투입요소가 변동 불가능한 상태를 의미한다.

a. 장기 완전경쟁시장의 균형생산량은 독점시장의 생산량보다 항상 크거나 같다.
b. 완전경쟁시장과 독점시장 두 경우 모두 한계비용과 한계수익이 같은 생산량에서 기업의 이윤이 극대화된다.
c. 단기 완전경쟁시장에서 가격이 평균 가변비용(AVC)보다 높더라도 평균비용(AC)보다 낮다면 생산을 중단하게 된다.
d. 단기 완전경쟁시장에서 기업의 회계적 이윤은 손실과 이익이 발생할 수 있지만, 장기 완전경쟁시장에서 기업의 회계적 이윤은 0이다.
e. 독점시장에서는 기업이 가격차별을 할 수 있으며, 일반적으로 가격차별을 할 경우가 그렇지 않은 경우(순수독점가격)보다 생산량이 더 많다.

① a, b
② b, c
③ c, d
④ a, e
⑤ d, e

해설

장기 완전경쟁시장에서는 균형이 장기평균비용의 최소점에서 이루어지며 가격도 장기평균비용 수준으로 하락하여 초과이윤이 0이 된다. 그러나 여기서의 이윤은 경제적 이윤으로서 생산과정에서 투입된 자본을 포함하는 모든 자원의 기회비용을 뺀 나머지를 뜻하는 것이며, 회계적 이윤을 뜻하는 것은 아니다.

단기에서는 가격이 평균비용보다 낮은 경우 기업은 손실을 보게 되지만, 가격이 가변비용보다 높을 때는 생산하는 것이 생산하지 않는 것보다 더 적은 손실이 발생하기 때문에 생산하는 것이 유리하다. 이러한 이유로 평균 가변비용을 생산중단가격으로 부른다.

정답 ③

Keyword

독점(monopoly)

하나의 기업이 한 산업을 지배하는 시장 형태다. 오늘날에는 '독과점'이란 말이 널리 사용되고 있지만, 이것은 한 산업이 소수의 기업에 의해서 점유되어 있어 새로운 기업의 진입이 곤란한 시장 형태를 말한다. 한 산업에 독점기업이 하나만 존재하는 경우를 '순수독점' 혹은 '완전독점'이라 한다.
독점시장의 유형은 다음과 같다.

① 자연독점: 시장기능에 따라 자연발생적으로 독점기업이 형성되는 것을 말한다. 자연독점은 생산공장의 효율적 규모와 시장규모에 의해 형성된다.
② 법률적 독점: 국가가 특수한 목적하에 특정기업에 특정산업을 독점적으로 점유하도록 특권을 부여하는 경우 전매업이 여기에 해당한다.
③ 국가적 독점 및 공공독점: 국가 또는 공공기관이 시장을 독점한 경우다. 국민의 경제생활에 중대한 영향을 줄 수 있는 산업 또는 막대한 자본과 기술이 필요한 경우로 체신, 전기, 수도, 철도, 항만 등과 같은 것이다.

006 자원개발 업체인 A사는 우리나라 근해 무인도에서 금광을 개발해 100억 원 상당의 금을 확보했다. A사는 이 금을 본사로 반입하려 한다. A사는 배를 이용해 금을 운송하려는데 배가 침몰하면 금을 모두 잃게 된다. 그런데 무인도 주변은 파고가 높아 배가 침몰할 확률이 20%나 되는 것으로 알려져 있다. A사는 금을 배 한 척에 모두 운송할 수도 있고 여러 척에 나누어 운송할 수도 있다. 여러 척에 나누어 운송하면 배의 운명은 독립적이며 운송비는 무시할 수 있다고 할 때 다음 중 옳은 것은?

① 배 한 척으로 운송하나 여러 척으로 운송하나 A사 기대수익은 80억 원, 위험 척도인 표준편차는 40억 원으로 일정하다.

② 배 한 척으로 운송할 때와 비교해 배 숫자를 늘릴수록 기대수익과 위험 척도인 표준편차가 모두 점점 작아진다.

③ 배 한 척으로 운송할 때와 비교해 배 숫자를 늘리더라도 기대수익은 80억 원으로 일정하지만 위험 척도인 표준편차는 점점 작아진다.

④ 배 한 척으로 운송할 때와 비교해 배 숫자를 늘릴수록 기대수익은 80억 원 이하로 점점 작아지고 위험 척도인 표준편차는 점점 커진다.

⑤ 배 한 척으로 운송할 때와 비교해 배 숫자를 늘릴수록 기대수익은 80억 원 이상으로 점점 커지고 위험 척도인 표준편차는 점점 작아진다.

해설

배가 침몰해 금을 모두 잃는 것은 비체계적 위험, 즉 분산 가능한 위험에 해당한다. 마코위츠(H. Markowitz)가 개발한 포트폴리오 이론의 핵심은 여러 개 자산에 분산투자함으로써 일정한 위험 아래서 기대수익을 극대화하는 것이다.

또는 이것은 일정한 기대수익 아래서 위험을 최소화하는 것이라고도 할 수 있다. 배 몇 척을 이용하더라도 기대수익은 80억 원으로 일정하지만 배 숫자가 증가할수록 표준편차는 점점 작아진다.

정답 ③

Keyword

마코위츠이론(Markowitz's theory)

현대 포트폴리오 이론의 창시자인 마코위츠에 의하여 전개된 증권투자, 포트폴리오 관리에 대한이론으로 마코위츠는 많은 투자자들이 단지 수익률을 극대화하기 위해 단일 자산에 투자하는 것이 아니라 여러 다른 자산들을 서로 배합하여 분산투자한다는 사실을 이론적으로 설명하였다. 그러나 막연히 다수의 다른 자산을 결합하는 데 그치지 않고 어떻게 결합하는 것이 가장 효율적인가 하는 문제에 천착함으로써 불확실성 속에서 각 경제주체의 금융자산선택이 어떻게 이루어지는가에 대한 해답을 정리하고 실질적인 응용방안을 제시하였다. 이를 위해 포트폴리오 위험을 정의하고 이를 통계적 방법으로 표현하였다. 이러한 위험의 정의로부터 분산투자에 있어서 고려해야 할 자산 간의 특성으로 자산의 수익률이 같은 방향으로 움직이는 정도, 즉 통계적 개념으로 상관계수를 밝혔다. 상관계수가 낮은 자산을 서로 결합하여 투자하는 것이 최적의 포트폴리오를 구성하는 비결이라는 것이다. 즉 "계란을 같은 바구니에 담지 말라"는 오래된 투자 격언을 이론적으로 해명하였다.

007 유럽 발 재정위기가 진정되는 국면에 접어들자 국제 금시장에서 금값이 안정세를 보이고 있다. 현재 금 현물시장에서 금 1온스가 1,000달러에 거래되고 있고 금 선물시장에서는 6개월 후 만기인 금 선물 1온스가 1,020달러에 거래되고 있다고 하자. 공매도(short sale)도 가능하며 이에 따른 수수료는 없다고 하자. 6개월간 이자율이 3%라 할 때 위험을 고려하는 가운데 수익을 극대화하려는 투자자 행동에 관한 다음 서술 중 옳은 것은?

① 금 현물시장과 선물시장에서 모두 금을 매도하는 것이 유리하다.
② 금 현물시장과 선물시장에서 모두 금을 매입하는 것이 유리하다.
③ 금 현물시장은 무시하고 오직 선물시장에서 금 선물을 매도하는 것이 유리하다.
④ 3% 이자율로 자금을 차입해 현물시장에서 금을 매입하는 한편 금 선물시장에서는 금 선물을 매도하는 것이 유리하다.
⑤ 금 현물시장에서 금을 공매도해 확보한 자금을 3% 이자율로 운용하는 한편 금 선물시장에서 금 선물을 매입하는 것이 유리하다.

해설

시장 참여자는 현물시장과 선물시장에서 가격 동향과 이자율 등을 감안해 자신의 행동을 결정한다. 이들 시장에서 가격이 형성되어 있으면 시장 참여자는 차익거래를 목적으로 투자하는 것이 가장 유리하다.

이때 거래의 기본 방향은 금 현물시장에서는 공매도하고 금 선물시장에서는 매입 포지션을 취하는 것이다. 그럼으로써 시장 참여자는 무위험 수익을 확보할 수 있다.

예를 들어 금 현물시장에서 금 1온스를 공매도한 후 얻은 자금을 3% 이자율로 6개월간 운용하면 1,030달러를 확보할 수 있다. 이 자금으로 금 선물매입 대금 1,020달러를 지급한 후 확보한 금으로 공매도한 금을 상환하면 모든 거래가 종결되고 시장 참여자는 무위험 수익 10달러를 얻는다.

정답 ⑤

008 재화가 공공재(public good)일 경우 다음의 설명 중에서 옳지 않은 것을 모두 고르시오.

a. 공공재는 국방, 치안 서비스 등과 같이 사회구성원 모두에게 재화 소비에 대한 혜택이 공유되는 재화를 의미한다.
b. 비배제성의 성격을 가지는 공공재는 무임승차자가 발생할 수 있다.
c. 공공재가 시장에서 공급된다면 그 재화는 최적 수준보다 더 많이 공급될 가능성이 높다.
d. 공공재의 시장 수요곡선은 개별 수요자 수요곡선의 수직적 합으로 도출된다.
e. 공공재의 경우에도 사용재(일반재화)와 같이 개별 수요자의 한계효용과 한계비용이 동일할 때 최적배분이 일어난다.

① a, b ② a, c ③ b, e ④ c, e ⑤ d, e

해설

공공재는 한 사람의 소비가 다른 개인의 소비 가능성을 감소시키지 않거나(비경합성), 비용을 지불하지 않은 개인이라도 소비에서 배제할 수 없는 특징(비배제성)을 가지는 재화로 소비가 모든 구성원에게 공유된다. 비배제성의 경우 소비에서 배제가 불가능하므로 무임승차 문제가 발생할 수 있다. 따라서 가격을 지불하고 공공재를 구입하는 사람이 없기 때문에 시장에서 공급이 어렵다. 비경합성의 경우에도 추가적인 소비에 따른 한계비용이 0이기 때문에 가격이 0보다 큰 경우에는 최적 수준보다 적게 공급된다.

정답 ④

009 환경쿠즈네츠곡선은 경제 성장과 오염물질 배출 간 관계를 실증적으로 나타내어 주는 환경경제학 이론 중 하나다. 이에 따르면 오염물질 배출에 장기적으로 가장 영향을 주는 요인은 무엇인가?

① 1인당 소득
② 정부 규제
③ 기업 간 경쟁
④ 기업가의 도덕윤리
⑤ 국가 간 협조 시스템

해설

전통적인 환경쿠즈네츠곡선(environmental Kuznets curve)은 환경경제학의 주요 연구 결과 중 하나로서 경제 성장과 오염물질 배출 간 관계를 실증적으로 나타내어 준다. 수평축(x축)이 1인당 소득을 나타내고, 수직축(y축)은 오염물질 배출을 각각 나타낼 때 전통적인 환경쿠즈네츠곡선은 ∩자(역U자) 형태를 보이고 있다. 즉, 소득수준이 낮은 경제 발전 초기에는 환경오염이 증가하지만, 소득이 일정 수준이상으로 지속적으로 증가하면 환경에 대한 국민적 관심이 높아져 환경 수준을 개선하기 위한 적절한 투자가 일어나게 된다.

전통적인 환경쿠즈네츠곡선의 의미는 경제발전 초기단계에서는 어느 정도 오염물질 배출을 감수하더라도 경제 성장을 추구하는 것이 장기적으로 환경보호 면에서도 더 낫다는 것이다. 현실에서는 정부나 국제적인 규제의 틀이 단기적인 환경문제 해결에 영향력을 발휘할 수도 있지만, 환경쿠즈네츠곡선은 자연스러운 경제성장 과정에서 환경 문제가 해결될 수 있음을 실증적으로 보여주고 있는 것이다.

정답 ①

010 A국가는 저소득층을 지원하기 위해 정액의 현금을 매월 지불할 것인지 아니면 생활필수품만 구매할 수 있는 무료쿠폰을 줄 것인지 고민하고 있다. 아울러 저소득층 지원에 필요한 재원조달을 위해 담배세와 주세를 각각 50%씩 올리려고 한다. 이 같은 정책의 효과에 대한 설명으로 옳지 않은 것은?

㉠ 흡연자와 애주가가 모든 세금을 부담한다.
㉡ 담배공급업자도 세금을 일부 부담한다.
㉢ 세금부담 수준은 담배나 술에 대한 수요곡선과 공급곡선의 탄력성에 의존한다.
㉣ 저소득층 생활안정에는 현금 지원이 무료쿠폰 지원보다 항상 더 효과적인 수단이다.
㉤ 수요 공급이 완전 비탄력적이지 않은 한 담배와 술의 판매량은 줄어 국민건강에 좋다.

① ㉠, ㉢
② ㉡, ㉢
③ ㉠, ㉣
④ ㉡, ㉤
⑤ ㉣, ㉤

해설

우선 정부의 저소득층 지원 정책 중 현금지원정책과 생활필수품에 한정된 쿠폰 발행은 서로 다른 효과를 지닌다. 현금지원정책은 생활필수품을 제외한 다른 재화 구입을 가능하게 하지만 쿠폰 발행은 생활필수품 구매에 국한되므로 저소득층의 기초생활안정에는 더 도움이 될 수 있다.

만약 저소득층 중 흡연가나 애주가가 있다면 현금지원 시 제공한 현금 중 상당부분을 더 값이 오른 담배나 술 구매에 사용하게 되므로 극단적인 경우 현금지원정책은 저소득층에게 거의 도움이 되지 않을 수도 있다. 정부가 세금을 수요자와 공급자 어느 한 쪽에 부과하더라도 조세는 양자가 함께 부담하게 된다.

다만 그 부담수준은 수요자와 공급자의 가격탄력성에 의존한다. 만약 수요나 공급 중 한 쪽이 완전 비탄력적이라면 세금 부과로 인한 가격 상승에도 수량이 반응하지 않으므로 판매량은 변화하지 않을 수 있다. 일반적으로 술이나 담배와 같은 기호식품의 수요탄력성은 높지 않으므로 수요자가 조세의 상당부분을 부담할 가능성이 크다.

정답 ③

011 다음 중 공유지의 비극(the tragedy of the commons)에 대한 옳은 설명으로 짝지어진 것은?

㉠ 정부의 보조금을 통해 문제를 해결할 수 있다.
㉡ 개인에게 재산권을 확립시키면 문제를 해결할 수 있다.
㉢ 개인의 인센티브와 사회의 인센티브가 충돌하여 발생한다.
㉣ 비경합성(non-rivalry)은 충족하나 비배세성(non-excludibility)은 충족하지 않는다.
㉤ 공공재와 같은 성격을 지닌 재화의 소비가 지나치게 많이 발생하는 데서 생기는 폐해다.

① ㉠, ㉢
② ㉡, ㉢
③ ㉠, ㉤
④ ㉡, ㉣
⑤ ㉣, ㉤

해설

마을에서 공동으로 운영하는 목초지는 누구의 소유도 아니므로 지나치게 많은 양들이 풀을 뜯어 먹어 결국 황폐화된다는 공유지의 비극은 1968년 개릿 하딘이 제기한 것으로 배제성이 없는 공유지에서 한정된 목초 소비에 경합성이 나타나면서 발생한 문제로 개인의 인센티브와 사회의 인센티브가 충돌하여 발생하는 것이다. 따라서 공유자원은 배제성도 없고 경합성도 없는 공공재와는 다르다.

일반적으로 공유지의 비극 문제는 개인의 재산권을 확립하거나 정부가 직접 개입하여 양(sheep)의 수를 제한하는 방식으로 해결할 수 있다. 정부가 보조금을 제공하는 방식은 양(+)의 외부성이 큰 재화의 생산이나 소비를 증가시키려고 할 때 흔히 이용하는 방식으로 공유지의 비극을 해결하는 일반적인 방식은 아니다.

2009년 노벨 경제학상 공동 수상자인 엘리너 오스트롬은 미국 메인주 연안의 바닷가재잡이 어부들의 사례를 들어 자발적으로 지역주민들이 공유 자원을 관리하여 어장을 유지하는 방식도 가능함을 피력했다.

정답 ②

012 민재는 학원에서 돌아올 때 늘 아이스크림과 사탕 중 하나를 사먹는다. 그런데 아이스크림 회사는 지난달 원가 인상을 이유로 아이스크림 가격을 20% 올렸다. 그런데도 민재는 여름방학 동안 날씨가 너무 더워 아이스크림만 사먹고 있다. 민재의 선택에 대한 설명으로 옳지 않은 것은?

㉠ 아이스크림과 사탕은 민재에게 대체재다.
㉡ 아이스크림은 민재에게 기펜재다.
㉢ 가격 변화에 따라 민재의 아이스크림에 대한 수요량은 증가했다.
㉣ 더운 날씨 때문에 민재의 아이스크림에 대한 수요가 크게 증가했다.
㉤ 소득효과와 대체효과의 크기로 이 현상을 분석할 수 없다.

① ㉠, ㉢　② ㉡, ㉢　③ ㉠, ㉣　④ ㉡, ㉤　⑤ ㉣, ㉤

해설

민재가 아이스크림 가격이 올랐는데도 지속적으로 소비하는 것은 무더운 날씨로 인해 아이스크림에 대한 민재의 수요 자체가 증가한 것이다. 이는 수요곡선 자체가 상향 이동한 것이라고 볼 수 있다. 아이스크림에 대한 선호가 커져서 아이스크림 가격이 올랐음에도 불구하고 아이스크림 소비가 증가한 것이므로 아이스크림을 기펜재라고 볼 수 없다. 어떤 재화의 가격이 변화할 때 수요량의 감소와 증가를 소득효과와 대체효과의 크기로 분석하는 것은 그 재화에 대한 선호, 즉 무차별곡선이 변화하지 않았다는 전제 아래 가능한 것이다. 그런데 민재의 아이스크림에 대한 선호는 무더운 날씨로 인해 변화하였으므로 소득효과와 대체효과 분석은 이 현상에 적용하기 어렵다.

정답 ②

013 완전경쟁시장에 대한 설명과 거리가 먼 것끼리 짝지어진 것은?

> ㉠ 시장수요곡선은 수평이다.
> ㉡ 시장의 장기공급곡선은 수평선이다.
> ㉢ 개별기업이 직면하는 수요곡선은 수평이다.
> ㉣ 단기에 기업이 양(+)의 이윤을 창출하는 것은 가능하다.
> ㉤ 기업의 단기공급곡선은 기업의 평균비용을 상회하는 기업의 한계비용곡선이다.

① ㉠, ㉣　② ㉡, ㉢　③ ㉠, ㉤　④ ㉡, ㉣　⑤ ㉢, ㉤

해설

완전경쟁시장은 다수의 공급자와 수요자가 동질적인 재화를 거래하는 시장으로 진입과 퇴출이 자유로우며 단기적으로는 양(+) 혹은 음(-)의 이윤을 얻을 수 있으나 기업의 수가 조정되는 장기에는 경제적 이윤이 0이 된다. 완전경쟁시장의 경우에는 기업과 시장이 직면하는 특성, 단기와 장기를 구분하여 분석하는 것이 필요하다.

우선 기업은 시장가격에 영향을 미칠 수 없으므로 기업이 직면하는 수요곡선은 수평이다. 그러나 시장 전체의 수요곡선은 가격이 높으면 수요량이 적고 가격이 낮으면 수요량이 많아지는 전형적인 우하향 곡선을 이루게 된다. 기업의 공급곡선은 한계비용곡선이 되는데 단기에는 평균가변비용만 회수해도 가동하며, 장기에는 평균비용을 회수해야 조업을 지속하게 된다.

단기의 시장공급곡선이 단기 기업의 공급곡선의 수평 합(horizontal sum)으로 우상향하는 곡선인 반면 장기의 시장공급곡선은 평균비용과 한계비용의 교차점 수준에서 가격이 결정되므로 수평선을 이루게 된다.

정답 ③

014 학생들에게 그룹별로 같이 공부해 숙제를 풀어내도록 하는 그룹별 과제 부여는 무임승차자(free rider) 문제를 발생시킬 수 있다. 맞는 설명은?

㉠ 실력이 뛰어난 학생일수록 무임승차할 확률이 높다.
㉡ 그룹에 속한 학생들 간의 실력이 똑같으면 무임승차자 문제가 발생할 확률이 높다.
㉢ 무임승차 학생 수와 그룹 전체 학생 수의 비율은 그룹에 속한 전체 학생 수와 무관하다.
㉣ 숙제점수를 시험성적과 정비례하여 부여한다고 하면 무임승차 문제를 완화할 수 있다.
㉤ 무임승차자가 발견될 경우 그룹 전체 학생들의 점수를 감점한다고 공표하는 것이 무임승차한 학생의 점수만 감점하는 것보다 효율적으로 무임승차자 문제를 완화할 수 있다.

① ㉠, ㉡
② ㉡, ㉢
③ ㉢, ㉣
④ ㉣, ㉤
⑤ ㉠, ㉤

해설

그룹 소속 모든 학생이 동일한 점수를 받을 경우 경제학의 기본원리인 '최소의 노력으로 최대의 효과'를 보고자 하는 노력이 자연스럽게 발생한다. 그룹에 속한 학생 수가 증가할수록 무임승차자 수는 학생 수의 증가보다 더 크게 증가할 수 있다.

만약 숙제 점수를 시험성적과 정비례하여 부여한다고 공표하면 무임승차자 수를 줄일 수 있을 것이다. 무임승차자가 발견될 경우 그룹 전체 학생들에게 페널티를 부과한다고 공표하면 자체적으로 감독 노력을 할 것이기 때문에 무임승차자 수는 감소할 것이다. 그룹에 속한 학생들의 실력에 큰 차이가 존재하면 실력이 낮은 학생들은 아예 포기하고 무임승차자가 될 확률이 높을 것이다.

정답 ④

015 채석강 모래사장에서 장사를 하려는 두 가게의 조개구이집 주인들은 가게 위치를 어디로 선정해야 할지 고민하고 있다. 가격, 음식 맛 등은 모두 동일하며 관광객은 모래사장에서 가까운 가게에서 조개구이를 먹는다. 가장 거리가 먼 설명은?

㉠ 두 명의 가게 주인은 모두 중앙인 500m에 가게 위치를 선정한다.
㉡ 두 개의 음악채널 방송이 서로 유사한 음악 장르를 소개하는 것과 마찬가지 문제다.
㉢ 두 명의 가게 주인은 서로 거리가 멀게 자리를 잡으려 하고 시장을 2분의 1씩 나눈다.
㉣ 독점적 경쟁 시장에서 재화의 차별화(product differentiation)가 잘 이루어지지 않는 경우를 설명할 수 있다.
㉤ 세 개의 조개구이 가게가 사업을 해도 동일한 해가 성립한다.

① ㉠, ㉡
② ㉡, ㉢
③ ㉢, ㉤
④ ㉡, ㉣
⑤ ㉣, ㉤

해설

우월전략균형(dominant strategy equilibrium)을 설명하는 게임 유형이다. 우월전략이라 함은 상대방이 어떤 전략을 선택해도 나에게 더 큰 보수나 효용을 주는 전략을 의미하며 이와 같은 전략으로 구성된 균형을 우월전략균형이라 한다.

문제의 상점 위치 선정 게임에서 가게 주인들은 되도록이면 많은 소비자를 얻기 위해 자리 선정에 고심을 하는데 만약 A가게가 3분의 1 ㎞ 위치에 가게를 선정하면 B가게는 바로 A가게 오른쪽에 가게를 선정해 시장의 3분의 2를 얻으려 한다. 이를 알고 있는 A가게는 다시 B가게 바로 오른쪽에 가게를 선정하게 되고 이와 같은 과정이 반복되면 두 가게 모두 정중앙 500m 지점에 가게를 선정하는 것이 약우월전략(weakly dominant strategy)이 된다.

이와 같은 게임은 라디오 음악채널 방송이 하드록이나 국악처럼 특정 마니아의 사랑을 받는 프로그램보다는 중간 정도의 음악 장르를 선보여 보다 다양한 청취자가 듣도록 하려는 것과 비슷한 경우다. 그러나 세 개의 방송 채널이 있는 경우 계속 프로그램을 조정하게 되므로 균형이 달성되지 않는다.

정답 ③

016 재화의 구매 수량에 따라 가격을 차별하는 2급 가격차별에 대한 설명으로 가장 옳지 않은 것은?

㉠ 서로 구매의사가 다른 소비자가 있다는 점은 알지만 그 소비자가 누구인지 분별할 수 없을 때 독점기업이 사용할 수 있는 가격차별이다.
㉡ 소비자가 구매하는 재화의 양에 따라 가격을 차별할 수 있다.
㉢ 독점기업은 1급 가격차별과 마찬가지로 모든 소비자 잉여를 확보할 수 있다.
㉣ 소비자의 수요탄력성에 따라 서로 다른 가격을 책정한다.
㉤ 지불하고자 하는 의사(willingness to pay)가 적은 소비자의 경우에도 일부 소비자 잉여를 얻을 수 있다.

① ㉠, ㉡
② ㉡, ㉢
③ ㉠, ㉤
④ ㉢, ㉣
⑤ ㉣, ㉤

해설

2급 가격차별(second degree price discrimination)은 재화의 구매수량에 따라 가격을 차별하는 제도로 공공요금 책정이나 구매를 많이 하는 소비자에 대한 할인(bulk-buying discount) 등에 사용된다.

독점자는 수요자의 구매의사가 서로 다르다는 것은 알지만 소비자의 타입을 식별하지는 못하므로 구매수량에 따라 서로 다른 가격을 제시하게 된다. 이에 따라 구매지불의사가 높은 소비자는 자신의 소비자 잉여를 극대화하는 구매량을 선택하게 되고 일부의 소비자 잉여를 취할 수 있다.

또한 구매지불의사가 적은 소비자의 경우에도 독점기업이 더 많은 잉여를 구매지불의사가 높은 소비자에게 얻기 위해 대량의 제품을 높은 가격에 판매하는 반면, 더 소량의 제품을 더 낮은 가격에 판매하게 되면 일부 소비자 잉여를 얻게 된다. 2급 가격차별은 소비자의 수요탄력성에 따라 서로 다른 가격을 설정하는 3급 가격차별과는 다르다.

정답 ④

017 후생경제학의 제1정리에 따르면 일반경쟁균형(왈라스균형) 상태에 있는 경제는 파레토 효율적인 자원배분이 이루어진다. 하지만 현실에서는 여러 가지 문제로 시장실패가 발생하는데, 이에 대한 적절하지 않은 설명으로 짝지어진 것은?

㉠ 시장실패는 자원배분이 효율적으로 이루어지지 못하는 것으로 정부의 시장 개입에 필요충분조건이 된다.
㉡ 공해 문제 등 외부불경제 문제는 정부 개입 없이 개인 간 교섭에 의해서도 효율적으로 해결할 수 있다.
㉢ 시장실패 문제가 해결되어 시장균형이 파레토 최적 상태가 된다면 소득분배와 빈곤 문제는 자동적으로 해결된다.
㉣ 공공재가 시장 기능에 의하여 파레토 효율적인 수준에서 제공되고 있다면 소비자들이 그 공공재의 한계효용은 서로 같지 않을 수 있다.
㉤ 외부불경제가 발생하면 생산물에 대해 조세를 부과하는 것보다 생산 감소를 위해 지급하는 보조금이 더 큰 비효율을 초래할 수 있다.

① ㉠, ㉡
② ㉠, ㉢
③ ㉡, ㉤
④ ㉢, ㉣
⑤ ㉣, ㉤

해설

시장실패에 따라 정부가 시장에 개입하면 오히려 자원배분이 더 비효율적이 될 수도 있으므로 시장실패가 정부의 시장 개입에 대한 필요조건은 되지만 충분조건까지 되는 것은 아니다.

모든 개인이 동일한 양의 공공재를 소비하더라도 각 개인이 한 단위의 공공재를 추가적으로 소비할 때 얻는 편익은 서로 다른 것이 일반적이다. 시장균형이 파레토 최적이라도 소득분배나 빈곤 등 형평성 문제는 여전히 존재할 수 있다.

외부불경제를 시정하기 위해 생산에 대해 조세를 부과하거나 보조금을 지급하는 방법이 있다. 오염배출 수준을 줄이기 위해 보조금을 지급한다면 보조금 지급 재원을 조세를 통해 조달해야 하는데, 조세를 징수하는 과정에서 비효율성이 발생할 수 있다. 외부성의 사적 해결 방법에는 기업 간 합병 또는 외부성과 관련된 재화에 법적·제도적 재산권 설정이 있다.

정답 ②

018 다음 중 정부 실패와 관련된 설명으로 적절하지 않은 것을 모두 고르면?

a. 정부는 모든 경제주체에 대한 정보를 완벽하게 가지고 있지 못하기 때문에 시장 기능에 비해 비효율적인 결정을 내릴 것이다.
b. 정치인들이 선거를 위해 자신들의 선거구에 치중된 로비로 특정 지역에 고속도로나 공항 같은 시설이 과다하게 공급되는 것이 전형적인 정부 실패의 예다.
c. 지대추구행위(rent-seeking behavior)는 소비자를 보호하기 위해 적절한 자격이 없는 주체들에 특정 산업 또는 직업에 대한 접근성을 막아 항상 시장 효율성을 증대시킨다.
d. 소득 분배나 빈곤 문제는 정부 개입으로 항상 개선되기 때문에 정부 실패가 일어날 가능성이 없다.
e. 정부의 시장 개입은 과세, 차용, 화폐 발행 등의 비용이 수반되는 것으로 오히려 역효과, 즉 자중손실(deadweight loss)을 가져올 수 있다.

① a, b
② a, c
③ c, e
④ d, e
⑤ c, d

해설

가격을 통해 정보가 전달되는 시장과 달리 정부는 시장에 개입하기 위해 경제주체에 관련된 모든 정보를 수집해야 하는데 이는 오히려 비효율적일 수 있다. 공항이나 고속도로 시설은 세금으로 충당되지만 혜택을 그 지역에 많이 돌아가는 성향이 있어 로비 등을 통해 과다하게 건설된다.

정부가 특정 산업에 접근성을 제한하고 그 접근성을 임의 기준에 따라 배분하는 것은 지대추구행위를 유발하며 로비 등을 발생시켜 시장을 왜곡하고 사회 후생의 손실을 가져온다. 정부의 지나친 개입으로 성장률이 떨어지고 오히려 소득 분배를 악화시킬 수 있다. 정부 개입 시 필요한 재정은 대부분 세금으로 충당되기 때문에 이 과정에서 자중손실이 발생해 사회 후생을 감소시키므로 정부 실패의 원인이 된다.

정답 ⑤

019 경제주체 간 정보의 비대칭성으로 인해 일어나는 현상 중 도덕적 해이(moral hazard)에 관한 것을 고르시오.

㉠ 악화가 양화를 구축하는 현상
㉡ 보험 가입 이후 자동차 사고의 확률이 더 높아진 K 군
㉢ 정부의 저소득층 소득 지원으로 인해 구직을 하지 않는 P 씨
㉣ 신입 직원 채용 때 능력이 있는 사람과 그렇지 못한 사람을 구별하지 못한 A 사
㉤ 중고차시장에서 구매자가 자동차 품질을 제대로 알지 못하여 평균적인 가격을 제시할 때 좋은 품질의 자동차는 시장에 나오지 못하는 현상

① ㉠, ㉢
② ㉡, ㉢
③ ㉠, ㉣
④ ㉡, ㉤
⑤ ㉣, ㉤

해설

경제주체 간 정보의 비대칭성으로 발생하는 두 가지 큰 문제는 정보의 비대칭성으로 인해 경제주체의 행동을 일일이 감시하지 못하거나 경제주체의 인센티브가 변하여 발생하는 도덕적 해이(moral hazard)와 상대방에 대한 정보가 부족하여 거래를 하는 상대가 바람직하지 못한 경우일 가능성이 높은 역선택(adverse selection)이다.

도덕적 해이의 전형적인 예로는 보험 가입자가 보험 가입 이후 사고 예방을 위해 노력을 하지 않게 되어 사고율이 높아지는 경우가 대표적이다. 또 주주 입장을 반영하지 않은 경영자의 행위, 저소득층에 대한 정부의 소득 지원으로 인해 일할 능력이 있음에도 불구하고 일하지 않는 사람이 발생하는 경우 등도 이 같은 사례로 볼 수 있다.

도덕적 해이를 막기 위해 보험에서 완전보상을 제공하지 않거나, 경영주에게 실적에 비례하여 보수를 지급하거나, 정부는 일하는 근로자에 대해 소득을 보전해주는 세액공제를 실시하는 EITC(Earned Income Tax Credit) 도입 등의 유인 구조를 설계하게 된다.

역선택의 전형적인 예는 중고차시장에서 질이 좋지 않은 차만 거래되거나 신입직원 채용 때 학력이나 점수만을 고려할 때 진짜 실력 있는 사람을 발견하지 못한 경우, 과거 영국에서 제대로 된 화폐는 집에 보관하고 무게가 적어진 은화만 시장에서 유통된 경우가 해당한다.

정답 ②

020 독점기업 A는 두 섬 1, 2를 상대로 제품을 판매하고 있다. 각 섬의 수요곡선은 다음과 같이 추정되었다. 가격의 단위는 '원'이고, 수량의 단위는 '개'다.

$P_1=10,000-Q_1$, $P_2=10,000-2Q_2$

기업 A는 두 섬을 상대로 가격차별을 실시하는 것을 검토하고 있다. 기업 A의 한계비용은 MC=2,000원으로 일정하며 사람들이 배를 이용해 한 섬에서 다른 섬으로 제품을 운반하는 데는 개당 1,500원이 소요된다고 할 때 다음 설명 중 옳은 것은?

① 운반비 때문에 가격차별을 실시해도 성공할 수 없다.
② $P_1=P_2=6,000$원으로 책정하는 것이 가장 유리.
③ $P_1=P_2=7,000$원으로 책정하는 것이 가장 유리.
④ $P_1=6,000$원, $P_2=7,000$원이 가장 유리.
⑤ $P_1=7,000$원, $P_2=6,000$원이 가장 유리.

해설

각 섬의 수요곡선으로부터 한계수입곡선을 유도하면 $MR_1=10,000-2Q_1$, $MR_2=10,000-4Q_2$다. 이 경우 이윤극대화를 위한 3급 가격차별(일반적인 가격차별)의 조건은 $MR_1=MR_2=MC$다. 여기에 대입하면 기업 A의 이윤을 극대화하는 수량은 $Q_1=4,000$, $Q_2=2,000$이다. 그러므로 $P_1=P_2=6,000$원으로 책정하면 기업 A는 이윤을 극대화한다.

두 섬의 수요곡선이 다르고 재판매가 용이하지 않은 상황이므로 기업 A는 3급 가격차별을 시도할 수 있다. 그런데 주어진 두 섬의 수요곡선의 특성으로 인해 가격차별을 하지 않고 6,000원의 가격에 판매하는 것이 가장 유리하다. 왜냐하면 $Q_1=4,000$, $Q_2=2,000$에서 측정한 각 섬의 가격탄력성은 $\varepsilon_1=\varepsilon_2=3/2$으로 같기 때문이다. 그러므로 두 섬의 가격을 동일하게 6,000원으로 책정하는 것이 가장 유리하다. 이런 이유로 두 섬 간의 운반비는 기업 A의 가격책정에 영향을 미치지 못한다.

정답 ②

021 마트에 치약을 사러 간 지혜는 치약을 낱개로 파는 경우보다 네 개 묶음으로 파는 치약의 개당 가격이 더 낮은 것을 보고 경제 교과서에서 배운 가격차별을 떠올렸다. 다음 중 가격차별에 대한 설명으로 가장 거리가 먼 것은?

㉠ 독점기업이 가격차별을 하면 소비자 잉여는 감소한다.
㉡ 완전가격차별하에 기업이 직면하는 수요곡선은 평균수입곡선이다.
㉢ 이윤을 극대화하려는 기업은 수요의 가격탄력성이 더 높은 소비자에게 더 낮은 가격을 책정한다.
㉣ 가격차별이 없을 경우와 비교하여 독점기업이 완전가격차별을 시행하면 자원배분의 효율성은 더 악화된다.
㉤ 가격차별을 할 경우 일부 소비자는 단일가격을 책정하는 독점의 경우보다 더 낮은 가격에 재화를 구매할 수 있다.

① ㉠, ㉢
② ㉡, ㉣
③ ㉡, ㉤
④ ㉠, ㉣
⑤ ㉢, ㉤

해설

같은 상품에 가격을 달리 정하는 가격차별에는 크게 세 종류가 있다. 소비자가 지불하고자 하는 의사 수준에 맞추어 서로 다른 가격을 책정하는 1급 가격차별(완전가격차별), 구매하는 수량에 따라 가격에 차별을 두는 2급 가격차별, 수요의 가격탄력성에 역비례하여 가격을 책정하는 3급 가격차별이 존재한다. 모든 가격차별은 생산자 잉여를 증가시키기 위한 수단으로, 가격차별이 시행되면 전체 소비자 잉여는 감소하게 된다.

독점기업이 완전가격차별을 시행하면 시장균형판매량은 단일가격하의 독점에 비해 증가하여 수요곡선과 한계비용곡선이 만나는 점까지 생산량이 증가한다.

완전가격차별은 소비자 잉여가 모두 생산자 잉여로 이전되는 분배 문제를 일으키지만 동시에 독점으로 인해 발생한 사중손실(deadweight loss)을 제거하여 사회 전체의 잉여는 증가하는 결과를 초래한다. 따라서 효율성은 증가한다.

정답 ②

022 상대방의 특정 전략에 대해 자신에게 최선의 보수를 제공하는 전략을 선택하여 이루어지는 균형을 내시균형(Nash equilibrium)이라고 한다. 이에 대한 설명으로 가장 거리가 먼 것은?

㉠ 내시균형은 반드시 한 개만 존재한다.
㉡ 카르텔을 둘러싼 게임을 반복하게 되면 협정을 준수하는 전략이 내시균형이 될 수 있다.
㉢ 용의자 딜레마 게임에서 두 용의자가 모두 자백하는 것은 우월전략균형(dominant strategy equilibrium)이지 내시균형은 아니다.
㉣ 참여자 모두에게 상대방이 어떤 전략을 선택하느냐에 관계없이 자신에게 더 유리한 결과를 주는 전략이 존재할 때 그 전략을 참여자 모두가 선택하면 내시균형이 달성된다.

① ㉠, ㉢
② ㉡, ㉢
③ ㉠, ㉣
④ ㉡, ㉣
⑤ ㉢, ㉣

해설

상대방의 특정 전략에 대해 최선의 선택을 하게 되면 서로가 자신의 선택전략을 바꾸지 않은 균형상태를 내시균형이라 한다. 만약 상대방의 전략과 관계없이 항상 더 높은 보수를 제공하는 우월전략이 존재한다면 이는 당연히 상대방의 특정 전략에 대해 자신에게 최선의 보수를 제공하는 전략이므로 내시균형 전략이 될 수 밖에 없다.

그런 의미에서 용의자 딜레마 게임에서 두 용의자 모두가 자백하는 것은 우월전략균형이면서 동시에 내시균형이다.

성 대결(battle of sex)과 같이 데이트를 하는 남녀가 각자 선호하는 공연을 따로 보는 것보다 동일한 공연을 함께 보러 가게 되면 둘에게 더 큰 만족을 줄 수 있는 게임에서는 복수의 내시균형이 존재할 수 있다.

정답 ①

023 정보의 비대칭성에 의해 발생하는 역선택과 도덕적 해이에 대한 설명 중 옳지 않은 것을 모두 고르면?

a. 역선택은 정보수준이 높은 측이 바람직하지 못한 행동을 하는 현상을 의미한다.
b. 도덕적 해이는 정보수준이 높은 측이 바람직하지 못한 행동을 하는 현상이다.
c. 평판을 통하여 재화시장에서의 역선택과 도덕적 해이를 완화시킬 수 있다.
d. 도덕적 해이는 거래발생 이전에, 역선택은 거래발생 이후에 발생한다.
e. 자동차보험, 의료보험 등에 모든 대상자의 가입을 의무화하는 것은 역선택을 방지하는 방법이다.

① a, b
② b, c
③ a, d
④ c, e
⑤ b, d

해설

역선택이란 정보수준이 낮은 측이 감춰진 특성을 파악하기 어려워서 바람직하지 못한 상대방과 거래를 맺을 가능성이 높아지는 것을 의미한다. 도덕적 해이는 어떤 계약이 이뤄진 이후에 정보수준이 높은 측이 바람직하지 못한 행동을 하는 현상을 의미한다.

자동차보험을 의무적으로 가입하도록 하는 제도는 보험회사가 사고 발생확률이 높은 사람들과만 보험 계약을 맺는 역선택을 하게 되는 문제를 방지할 수 있는 방법이다.

도덕적 해이는 화재보험 가입 이후에 화재 예방을 소홀히 하는 경우와 같이 사후적으로 일어나는 것이 일반적이다. 반면에 역선택은 중고차시장에서 시장에 바람직하지 못한 상대방만 존재하게 돼 바람직하지 못한 거래를 하는 경우와 같이 사전적으로 일어나는 것이 일반적이다.

정답 ③

024 미국 경제학자가 쓴 미시경제학 교과서를 사러 간 영석은 인터내셔널 에디션(international edition)이라고 표기되어 있는 책을 저렴하게 샀다. 그런데 강의시간에 교수님은 동일한 책이지만 겉모양이 다른 책을 사용하기에 여쭤보니 미국에서 산 책이고 가격은 영석이가 산 것보다 5배가 넘었다. 이 현상에 대한 서술로 옳지 않은 것은?

㉠ 이와 같은 가격차별 전략은 책을 많이 이용하는 사람에게 단위당 가격을 낮추어주는 것이다.
㉡ 미국보다 우리나라 학생들의 수요 가격 탄력성이 더 낮다.
㉢ 우리나라 자동차가 미국시장에서 더 값싸게 팔리는 것과 동일한 원리다.
㉣ 우리나라 교과서시장에 더 많은 대체재가 있을 가능성이 크다.
㉤ 미국과 우리나라 간 교역이 용이하다면 미국으로 역수입이 가능하다.

① ㉠, ㉡
② ㉢, ㉣
③ ㉠, ㉣
④ ㉡, ㉤
⑤ ㉢, ㉤

해설

출판사가 인터내셔널 에디션(international edition)을 만들어 보다 싼 값으로 미국이나 캐나다 이외 지역에 보급하는 것은 분리된 시장의 가격 탄력성에 따라 서로 다른 가격을 책정하는 것이 이윤 극대화를 위해 바람직하기 때문이다. 즉, 우리나라 시장 수요의 가격탄력성이 미국시장보다 더 높기 때문에 가격을 더 낮게 책정하는 것이다. 이는 더 많은 수량을 사는 사람에게 단위당 가격을 낮추어주는 가격차별이 아니라 시장의 가격탄력성에 따라 가격을 차별화하는 가격차별 전략이다. 우리나라 자동차 회사가 더 많은 차종과 경쟁해야 하는 미국시장에서 더 낮은 가격과 더 많은 서비스 옵션을 제시하는 것과 같은 이치다.

정답 ①

Keyword

가격탄력성

상품에 대한 수요량은 그 상품의 가격이 상승하면 감소하고, 하락하면 증가한다. 가격이 P원일 때의 수요량을 X라 하고, 가격이 ΔP원만큼 변화했을 때 수요량이 ΔX만큼 변화하였다고 가정하면, 이 경우 (ΔX/X)/(ΔP/P)를 수요의 가격 탄력성이라 한다. 즉, 가격 탄력성은 가격이 1퍼센트 변화하였을 때 수요량이 몇 퍼센트 변화하는가를 절대치로 나타낸 크기다. 탄력성이 1보다 큰 상품의 수요는 탄력적(elastic)이라 하고, 1보다 작은 상품의 수요는 비탄력적(inelastic)이라고 한다. 상품 중에는 자체의 가격만이 아니라 다른 상품의 가격에 영향을 받아 수요량이 변화하는 것이 있다. 이러한 상품에 관해서도 그 수요량과 다른 상품의 가격과의 사이에 같은 형식의 탄력성을 정의할 수가 있다. 이것을 교차탄력성(cross elasticity)이라 한다.

025 재화 성격을 배제성과 경합성에 따라 분류한 것이다. 옳지 않은 내용으로 짝지은 것은?

㉠ 주인 없는 목초지에 동네 사람들이 소를 방목하는 것은 배제성은 없지만 경합성은 있다.
㉡ 인터넷에 공개된 매경TEST 예제풀이는 배제성은 있으나 경합성은 없다.
㉢ 천안~논산 간 민자고속도로는 배제성은 없으나 경합성은 있다.
㉣ 케이블TV는 배제성은 있으나 경합성은 없다.
㉤ 매장에서 판매하는 아이스크림은 배제성과 경합성이 모두 있다.

① ㉠, ㉡　② ㉡, ㉢　③ ㉢, ㉣　④ ㉡, ㉣　⑤ ㉣, ㉤

해설

배제성은 대가를 치르지 않은 사람은 소비에서 배제할 수 있다는 것이고, 경합성은 한 사람이 그 재화를 소비하게 되면 다른 사람이 그 재화를 소비할 기회가 줄어든다는 것을 말한다. 우선 매장에서 파는 아이스크림과 같은 사적 재화는 배제성과 경합성을 모두 갖고 있다. 반면 공공재는 비배제성과 비경합성을 충족시키는 재화다. 인터넷에 공개된 매경TEST 예제풀이는 공공재의 예가 될 수 있다. 주인 없는 목초지는 공유자원으로 배제성은 없지만 여러 사람이 소를 방목하면 목초가 고갈되므로 경합성은 존재한다. 고속도로는 통행료를 징수하므로 배제성이 있다. 만약 그 도로가 혼잡하면 경합성이 있으나 잘 소통될 땐 경합성은 없으므로 경합성 여부는 도로 혼잡에 달려 있다. 케이블TV는 자연독점의 예로 자연독점일 때는 배제성은 있고 경합성은 없다.

정답 ②

026 이장으로 새로 당선된 최모 씨는 이 마을 숙원사업인 다리를 건설하려고 주민들과 회의를 했다. 군에서는 지방비가 부족해 마을 주민들이 건설비(일종의 세금)를 내야만 한다. 최 씨는 마을 주민들에게 다리 건설을 위해 지불할 용의가 있는 금액을 써 내라고 했다. 다음 중 틀린 것을 고르면?

㉠ 지역 주민이 얻는 한계편익의 총합이 한계비용보다 크다면 건설될 수 있다.
㉡ 비용을 지불하지 않고 다리를 이용할 사람이 반드시 발생한다.
㉢ 지방공공재 소비수준 결정 방식은 사적 재화 소비수준 결정방식과 동일하다.
㉣ 모든 사람이 다리 건설로 인해 얻게 되는 편익을 사실대로 보고하도록 만드는 방법이 존재한다.
㉤ 자기 편익수준에 따라 건설 여부가 결정되는 사람은 꼭 건설비를 내야 한다.

① ㉠, ㉢ ② ㉡, ㉢ ③ ㉠, ㉣ ④ ㉡, ㉤ ⑤ ㉣, ㉤

해설

마을 다리는 일종의 지방공공재로 공공재 제공 수준은 공공재에서 얻는 거주민의 한계편익 합이 한계비용과 동일한 수준에서 결정된다. 이는 사적 재화를 생산하는 기업이 한계수익과 한계비용에 따라 생산량을 결정하는 것과 다르다. Groves & Clarke 메커니즘에 따르면 다리 건설 여부가 자신이 보고한 값에 따라 결정되는 사람(pivotal player)은 반드시 세금을 내도록 되어 있다.

정답 ②

027 2010년 노벨 경제학상은 다이아몬드, 모텐슨, 피사리데스 교수의 '노동시장의 매칭이론'이 수상했다(《매일경제》 2010년 10월 12일자 보도). 다음 설명 중 옳지 않은 것은 무엇인가?

① 노동시장에서 일자리는 많은데도 동시에 실업자도 많은 상황을 설명한다.
② 실업은 노동시장에서 수요자와 공급자의 탐색비용 불일치의 결과다.
③ 노동시장에서 수요자와 공급자의 탐색비용에 관한 이론이다.
④ 정부의 실업수당 증가 등의 노동시장 개입에 긍정적이다.
⑤ 노동자의 구직 기간이 길어질수록 구직과 관련된 비용이 증가한다.

해설

노동시장의 매칭이론은 노동시장에서 일자리는 많은데도 동시에 실업자도 많은 상황을 설명한다. 또한 실업은 노동시장에서 수요자와 공급자의 탐색비용(searching cost) 불일치의 결과이며, 이론 전개의 중요한 개념으로 노동 수요자와 노동 공급자의 탐색비용을 소개하고 있다. 당연한 결과로서 노동자의 구직 기간이 길어질수록 구직과 관련된 비용이 증가한다. 하지만 정부의 실업수당 증가 등의 노동시장 개입은 직업의 탐색기간을 연장하여 노동시장 균형에 부정적인 영향을 미친다고 본다.

정답 ④

028 기업은 시장점유율을 높여 이익을 극대화하기 위해 시간, 지역, 구매 특성, 제품에 따라 가격차별화를 시도하고 있다. 다음 중 가격차별화 전략에 관한 설명으로 가장 거리가 먼 것은?

① 대량 구매를 하는 소비자들은 일반적으로 가격에 비탄력적이므로 대량 구매자에게 할인요금을 적용한다.
② 여행상품에서 볼 수 있는 성수기와 비수기에 따른 가격차별화는 이용시간에 따른 가격차별화 전략 사례다.
③ 박물관이 학생에게 할인을 해주는 이유는 학생들 유보가격(박물관 이용을 위해 기꺼이 지불하려는 가격)이 일반인보다 더 낮기 때문이다.
④ 어학원에서 영어회화, 문법을 동시에 수강하면 할인해 주는 것은 묶음 가격에 따른 가격차별화 전략 사례다.
⑤ 체인점 가운데 경쟁사 점포에 인접한 점포의 가격을 낮게 책정한다면 지역에 따른 차별화 전략을 시행한 것이다.

해설

마케팅 수단으로서 가격차별화 방법은 시간을 중심으로 한 차별화 전략, 지역을 중심으로 한 차별화 전략, 구매자와 구매 특성 관련 차별화 전략, 그리고 제품과 관련하여 차별화하는 전략 등 네 가지로 구분할 수 있다. 일반적으로 대량 구매자는 가격에 탄력적이므로 할인요금을 적용하는 이유가 된다. 또한 이들은 구매량이 많기 때문에 판매업체 간 가격 경쟁을 야기하기도 하고, 한 번에 구매하는 양이 증가함에 따라 단위운송과 주문처리비용이 감소하기 때문에 대량 구매자의 단위비용이 낮아서 할인요금을 적용하는 이유도 있다.

정답 ①

029 정기적으로 등산을 하는 윤석은 정상 근처에서 항상 생수를 사서 마신다. 그런데 2011년 들어 정상 근처에서 생수를 판매하는 여러 명의 상인이 한꺼번에 값을 올려 생수 값이 2010년보다 비싸졌다. 생수 가격이 상승한 이유로 적절치 않은 것을 고르면? 단, 평지의 가게에서 파는 생수 가격은 2010년과 동일하다.

㉠ 산 정상에서 판매하는 생수의 양은 감소한다.
㉡ 새해 들어 새 출발을 다짐하며 산행을 하는 사람이 부쩍 늘었다.
㉢ 정상에서 생수를 판매하는 상인들이 담합했을 가능성이 존재한다.
㉣ 2011년 1월 들어 눈이 많이 와 상인들이 예전보다 생수 운반비를 더 지불해야 한다.
㉤ 정상에서 가격을 결정하는 것은 공급자인 상인이며 수요자인 등산객은 영향을 미칠 수 없다.

① ㉠, ㉢ ② ㉡, ㉢ ③ ㉠, ㉤ ④ ㉡, ㉣ ⑤ ㉣, ㉤

해설

우선 공급자의 운반비용이 증가하면 공급곡선이 상향 이동하게 되므로 가격을 상승시킬 수 있다. 또한 산행하는 사람이 증가하여 수요가 증가해도 수요곡선이 상향 이동하여 가격은 상승하게 된다. 반면 수요와 공급에 변화가 없어도 생수판매 상인들이 담합을 한다면 가격이 상승하는 것은 가능하다. 산 정상 근처에 여러 생수 판매 상인이 존재하므로 가격 결정을 공급자가 하고 수요자가 가격에 영향을 미치지 못한다는 것은 옳지 않으며, 수요 증가와 공급 감소의 요인이 한꺼번에 존재하므로 균형판매량이 증가할지 감소할지 알 수 없다.

정답 ③

030 다음 중 최저가격제(price floor) 실시와 관련해 나타나는 현상과 가장 거리가 먼 내용은?

① 시장에 제품의 과잉공급 현상이 발생한다.
② 암시장이 발생하거나 제품의 질이 떨어진다.
③ 노동시장에 최저가격제를 적용하면 실업이 발생한다.
④ 시장균형가격보다 더 낮은 가격을 최저가격으로 책정하면 정책효과가 없다.
⑤ 농산물시장에서는 쌀과 같은 잉여농산물을 정부가 정한 가격으로 수매해 가격 폭락을 막는다.

해설

최저가격제는 생산자를 보호하기 위해 정부가 법정최저가격을 설정하는 것으로 시장균형가격보다 더 높은 가격을 최저가격으로 설정할 경우에만 실질적인 효력이 발생한다. 최저가격제를 실시하면 과잉공급 혹은 실업이 발생하고 농산물 시장의 경우에는 잉여농산물을 정부가 수매하여 정부의 재정지출을 수반한다. 암시장이나 제품 질 저하는 최고가격제를 실시할 경우 나타나는 현상이다.

정답 ②

031 다음 중 우하향하는 쇠고기 수요곡선을 좌측으로 수평 이동하게 하는 효과가 있는 사건들을 모은 것은?

㉠ 쇠고기 값 상승
㉡ 소 사육농가 감소
㉢ 경기 침체에 의한 소득 감소
㉣ 쇠고기의 대체재인 돼지고기 값 하락
㉤ 소와 돼지 구제역의 확산 및 대대적 살처분

① ㉠, ㉡, ㉢
② ㉠, ㉢, ㉣
③ ㉡, ㉢, ㉣
④ ㉡, ㉣, ㉤
⑤ ㉢, ㉣, ㉤

해설

우하향하는 수요곡선이 좌측으로 수평이동한다는 것은 모든 가격 수준에서 수요량이 감소하는 것을 의미한다. 이런 경우는 (1) 전반적 소득의 감소 때문에 모든 가격 수준에서 수요량이 감소하는 경우, (2) 돼지고기와 같은 쇠고기의 대체재 가격이 하락해 상대적 선호도가 감소하는 경우, (3) 쇠고기에 대한 나쁜 선입관이 형성돼 쇠고기에 대한 선호도가 감소한 경우 등을 들 수 있다. 소 사육농가의 감소는 사육 소의 수가 감소하였음을 의미하는 것으로 우상향하는 쇠고기 공급곡선이 좌측으로 수평 이동하는 경우를 의미하고 수요곡선과는 상관이 없다.

쇠고기 값의 상승은 수요곡선의 수평 이동과는 상관없이 수요량만을 감소시키는 효과가 있다. 쇠고기의 대체재인 돼지고기 값의 하락은 수요자들이 쇠고기 값에 비해 저렴하게 된 돼지고기를 선호하게 만들어 모든 가격 수준에서 쇠고기 수요를 감소시키게 된다. 즉 수요곡선이 좌측으로 수평 이동하게 된다.

경기 침체에 의한 소득의 감소는 소득 감소에 의해 모든 재화에 대한 수요가 모든 가격 수준에서 감소할 것이므로 쇠고기 수요곡선도 좌측으로 수평 이동할 것이다.

소와 돼지 구제역의 확산 및 소와 돼지의 대대적 살처분은 사육 소의 수를 감소시켜 공급곡선을 좌측으로 수평 이동하는 효과가 있다. 동시에 쇠고기 소비자들은 심리적 불안감이 커져 쇠고기의 대체재를 선호하게 된다. 이에 따라 쇠고기에 대한 수요곡선도 좌로 수평 이동하게 된다.

정답 ⑤

032 올 겨울 혹한으로 인해 전력에 대한 수요가 급증해 최대수요 대비 전력예비율이 5% 이하로 감소했다. 다음 중 전력산업의 효율성을 개선하기 위한 바람직한 노력과 거리가 먼 것은?

㉠ 전기절약 캠페인을 대대적으로 시행한다.
㉡ 전력에 부과되는 기금이나 세금을 올린다.
㉢ 소비절약을 위해 전기요금 누신세를 강화한다.
㉣ 전기를 저장할 수 있는 신기술 개발을 위해 투자한다.
㉤ 다른 에너지원에 비해 가격이 저렴하고 생산비용 이하로 제공되는 전력서비스에 대한 소매요금을 상승시킨다.

① ㉠, ㉢ ② ㉡, ㉢ ③ ㉠, ㉣ ④ ㉡, ㉤ ⑤ ㉣, ㉤

해설

전력산업의 효율성은 수요에 따라 필요한 전력량을 최저의 비용으로 생산하거나 전력 소비·생산과 관련한 사회후생을 극대화하는 것으로 정의할 수 있다. 전력요금은 현재 원가에 미치지 못해 과소비를 초래하고 있으므로 소매요금을 상승시키는 것은 바람직하다. 또한 과소비를 줄이기 위해 전기절약 캠페인을 하거나 전기사용량의 변동성을 감소시키기 위해 전기를 저장하기 위한 건전지 개발 기술 등에 투자하는 것도 피크시간의 수요를 저장된 전기로 만족시켜 가격을 안정화할 수 있으며 과도한 예비력 보유의 부담을 덜어줄 수 있다. 전기요금에 부과되는 기금이나 세금을 올리면 사중손실이 증가해 사회후생을 감소시키며, 지나친 전기요금 누진제 역시 소비자에게 바람직하지 않다.

정답 ②

033 최근 중동 국가 정치불안으로 국제 원유 가격이 큰 폭으로 올랐다. 그 효과에 대한 설명으로 가장 적절하지 않은 것은?

① 인플레이션 압력이 커지고 있다.
② 휘발유시장에서 균형 거래량은 하락한다.
③ 휘발유시장 공급곡선이 좌측으로 이동한다.
④ 스태그플레이션(stagflation)이 일어날 수 있다.
⑤ 에너지 관련 기업의 이익 증가로 경기가 활성화할 수 있다.

해설

원유는 거의 모든 재화와 서비스의 생산요소라 할 수 있다. 이때 일반적으로 생산요소 가격이 상승하면 공급곡선은 좌측으로 이동하게 된다. 이러한 공급곡선 이동이 모든 재화와 서비스시장에서 일어나면, 경제 전체적으로 인플레이션이 발생한다. 또한 각 시장에서 균형 거래량 하락은 경제 전체적으로는 경기를 하락시킬 수 있다. 이렇게 인플레이션과 불황이 동시에 일어나는 현상을 스태그플레이션(stagflation)이라고 한다.

정답 ⑤

034 지선은 채식주의자여서 양상추와 토마토만을 먹는다. 장을 보러 마트에 간 지선은 양상추 값이 크게 오른 걸 발견했다. 양상추와 토마토는 지선에게 보통재(ordinary goods)이며 지선의 월수입은 변하지 않은 상태다. 다음 중 지선의 경제행위로 옳지 않은 것은?

> ㉠ 양상추의 소비량을 줄인다.
> ㉡ 토마토의 소비량을 늘린다.
> ㉢ 지선의 토마토에 대한 보상수요곡선은 우상향할 수 있다.
> ㉣ 주어진 정보로는 양상추가 정상재인지 열등재인지 알 수 없다.
> ㉤ 지선의 양상추에 대한 통상적인 수요곡선은 반드시 우하향한다.

① ㉠, ㉢　　② ㉡, ㉢
③ ㉡, ㉣　　④ ㉣, ㉤
⑤ ㉠, ㉤

해설

양상추와 토마토 모두 보통재이므로 통상적인 수요곡선은 우하향하며, 따라서 양상추 값이 올랐으므로 양상추의 소비량은 감소한다. 양상추와 토마토가 정상재인지 열등재인지 확인할 정보가 주어져 있지 않으므로 토마토의 소비량이 증가할지 감소할지 알 수 없다. 양상추와 토마토의 보상수요곡선(가격효과를 소득효과와 대체효과로 분리한 후 대체효과만을 이용하여 도출한 수요곡선)은 항상 우하향한다.

정답 ②

035 자유시장경제하에서 재화 가격이 단기적으로 조정되지 않는 경우를 쉽게 관찰할 수 있으며 이를 '가격 경직성'이라고 한다. 다음 항목 중 가격경직성의 이유가 아닌 것들로 짝지어진 것은?

㉠ 제품을 인터넷으로만 판매하고 있는 경우
㉡ 제품 생산에 소요되는 원료가격이 경직적인 경우
㉢ 수요곡선의 이동을 초래한 원인에 대한 정보가 불완전한 경우
㉣ 수요자들이 다른 점포와의 가격 비교가 쉽지 않은 경우
㉤ 명품업체들의 상품처럼 다른 제품과 확연히 구분되는 디자인이나 모양으로 차별화가 이루어졌을 경우

① ㉠, ㉡ ② ㉡, ㉢
③ ㉢, ㉣ ④ ㉣, ㉤
⑤ ㉠, ㉤

해설

루이비통이나 구찌 등 명품업체들의 제품은 다른 업체들의 제품과 확연히 구분되는 디자인이나 모양을 하고 있기 때문에 제품에 대한 고객들의 충성도가 높다. 독점적 경쟁의 시장구조하에서 재화 가격은 수요와 공급이 아닌 재화의 생산자에 의해 결정된다. 다른 점포와의 가격 비교가 쉽지 않는 경우 생산자들은 가격을 일정하게 유지함으로써 고객들의 탐색비용을 절약해 줄 수 있다. 원료가격이 경직적이라고 산출물가격이 경직적일 이유는 없다. 인터넷으로만 제품을 판매할 경우 메뉴 비용(menu cost)이 낮아 가격변동이 용이하다.

정답 ①

036 감세정책(tax cut policy)에 대해 찬성하는 측의 입장을 대변하는 논리가 아닌 것은?

㉠ 래퍼곡선(Laffer curve)에 따르면 소득세율을 낮추게 되면 소득세수는 감소한다.

㉡ 법인세율을 낮추면 투자에 긍정적인 영향을 미친다는 연구 결과가 다수 존재한다.

㉢ 미국의 레이거노믹스의 결과로 인해 클린턴 행정부 시절 미국 경기가 활성화되었다.

㉣ 조세 자체는 사중손실(deadweight loss)을 발생시켜 경제 전체에 비효율성을 창출한다.

㉤ 세율변화가 경기에 미치는 영향은 장기적으로 나타나며 재정지출 증가가 경기확대에 단기적으로 더 효과적이다.

① ㉠, ㉢

② ㉡, ㉣

③ ㉠, ㉤

④ ㉡, ㉤

⑤ ㉢, ㉣

해설

감세정책이 경기활성화에 기여할 것이라고 생각하는 측의 주장은 소득세율 인하가 근로의욕을 증대시켜 노동공급을 증가시킴으로써 세율은 감소해도 전체 소득세수는 증가시킬 수 있다고 보며, 법인세율 인하도 법인의 투자나 경제활동을 자극해 결국 법인세원 증가에 기여할 것이라고 보는 것이다.

세율과 세수의 역(-)의 관계는 래퍼라는 경제학자가 세율에 따라 세수는 역 U자형 형태를 보인다는 논리로도 주장하였다. 또한 조세 자체가 경제의 효율성에는 좋지 않으므로 세율을 낮춤으로써 사중손실을 감소시킨다고 주장하기도 한다. 세율 변화가 경기에 미치는 영향이 장기적이라는 것은 감세정책의 효과가 단기에 나타나기 어렵다는 것으로 감세정책의 효과가 적다는 주장이다.

정답 ③

Keyword

래퍼곡선(Laffer curve)

미국의 경제학자 아더 B. 래퍼 교수가 주장한 세수와 세율 사이의 역설적 관계를 나타낸 곡선으로 그의 이름을 따 명명되었다. 일반적으로는 세율이 높아질수록 세수가 늘어나는 게 보통인데, 레퍼 교수에 따르면 세율이 일정 수준(최적조세율)을 넘으면 반대로 세수가 줄어드는 현상이 나타난다고 한다. 세율이 지나치게 올라가면 근로의욕의 감소 등으로 세원 자체가 줄어들기 때문이다. 그러므로 이때는 세율을 낮춤으로써 세수를 증가시킬 수 있다는 것이다. 1980년대 미국 레이건 행정부의 조세인하정책의 이론적 근거가 되었으며, 이로 인해 미국 정부의 거대한 재정적자 증가를 초래하는 결과를 가져왔다.

037 시장에 가장 먼저 진입한 선발진입자(first mover)는 후발주자에 비해 많은 이점을 누릴 수 있다. 다음 중 이 같은 이점과 가장 거리가 먼 것은?

① 산업의 리더로서 명성을 쌓을 수 있다.
② 산업의 기술표준을 세울 기회를 잡을 수 있다.
③ 학습효과를 이용해 원가 우위를 빨리 달성할 수 있다.
④ 새로운 시장이 안정될 때까지 위험부담을 줄일 수 있다.
⑤ 제품을 긍정적으로 평가하는 구매집단으로부터 높은 수익을 올릴 수 있다.

해설

선발진입자는 산업표준을 선점하거나 해당 산업의 리더라는 인상을 심어줄 수 있다. 먼저 진입한 만큼 학습효과가 커서 이를 활용한 원가 우위를 달성할 수도 있다. 또 시장 초기라 해도 제품에 대해서 긍정적으로 생각하는 구매집단이 존재한다면 이로 인한 수익도 올릴 수 있다. 그러나 새로운 시장을 개척하고 인프라를 구축해야 하는 만큼 높은 위험을 감수하는 것이 단점이라 할 수 있다. 이는 반대로 후발주자의 이점이 될 수 있다.

정답 ④

038 다음은 시장의 특성에 대한 설명이다. 옳은 내용끼리 짝지어진 것은?

㉠ 독점적 경쟁시장에서 장기에는 기업의 이윤이 존재하지 않는다.
㉡ 죄수의 딜레마 게임에서는 항상 협력하지 않는 것이 더 좋은 보수를 가져다 준다.
㉢ 완전경쟁시장에서는 기업들이 가격수용자이므로 기업 간의 전략적 상호작용이 중요하지 않다.
㉣ 자연독점시장에 가격을 한계비용과 동일하게 적용하면 완전경쟁 균형과 동일한 생산량을 유지할 수 있다.
㉤ 복점기업이 독점처럼 행동하기로 담합하였을 경우 두 기업의 생산량은 쿠르노-내시 균형을 유지할 수 있다.

① ㉠, ㉡　② ㉡, ㉤　③ ㉠, ㉢　④ ㉢, ㉣　⑤ ㉣, ㉤

해설

완전경쟁시장에서는 기업들이 가격결정에 아무런 역할도 하지 못하는 가격수용자이므로 기업 간의 상호작용은 의미가 없다. 복점기업이 독점처럼 행동하기로 약속한 경우 가격은 쿠르노-내시 균형보다 상승하고 생산량은 감소하게 된다. 죄수의 딜레마 게임이 1회 게임일 경우에는 협력하지 않는 것이 우월 전략이지만 이 게임을 반복하게 되면 둘이 협력하는 균형을 달성할 수 있다. 자연독점시장에서 평균비용이 한계비용보다 항상 더 높으므로 가격을 한계비용과 동일하게 적용하게 되면 기업이 손실을 보게 되어 이와 같은 상태는 유지 불가능하다. 독점적 경쟁시장에서는 기업들의 진입과 탈퇴가 자유로우므로 장기에 이윤이 발생하지 않는다.

정답 ③

039 소비자물가 상승률이 실제로 일반 사람들이 체감하는 장바구니 물가 상승률과 다르게 느껴지는 이유로 가장 거리가 먼 것은?

① 소비자물가지수의 품목은 체감물가와 관련된 재화의 품목보다 훨씬 광범위하기 때문이다.
② 소비자물가지수 기준년도의 지출 품목과 현재의 지출 품목이 다를 수 있기 때문이다.
③ 소비자물가지수에 편입되어 있는 재화의 품목 구성이 특정한 개인의 지출 품목과 다르기 때문이다.
④ 소비자물가지수는 실생활과 관련된 품목으로 구성된 장바구니 물가에 비해 불완전한 지표이기 때문이다.
⑤ 소비자물가지수를 구성하는 품목에 대한 가중치가 특정한 개인의 관심 가중치와 다르기 때문이다.

해설

소비자물가 상승률은 물가 상승률의 가장 대표적인 지표로서 일반 가계의 생활비 변화를 측정하기 위한 통계지표다. 가장 최근(2005년) 기준의 소비자물가지수는 평균적인 도시 가계가 지출하는 489개 주요 품목을 선정하고 지출금액을 기초로 가중치를 부여해 물가 상승률을 계산하는 방식이다.

소비자물가 상승률이 체감 물가 상승률과 괴리가 있는 것처럼 느껴지는 이유로는 먼저 소비자물가지수의 품목은 체감물가(장바구니물가)와 관련된 품목보다 훨씬 광범위하다는 점과 기준연도의 지출 구성에 비해 현재의 지출 구성이 달라졌을 경우 소비자물가지수가 생활비의 변화를 정확히 반영하지 못한다는 점을 들 수 있다.

평균적인 도시 가계의 지출 품목이 개인의 지출 품목과 다르거나 가중치가 다를 수 있다는 점도 지적될 수 있다. 그러나 소비자물가지수가 장바구니물가에 비해 불완전한 지표라고 말할 수는 없다.

정답 ④

040 2008년 금융위기가 발생한 이후 미국의 연방준비은행은 획기적인 양적 완화 정책을 전개했다. 그러다 최근 경기가 다소 개선될 조짐을 보이자 미국 은행들이 보유하고 있는 지급준비금(이하 지준)에 대해 이자를 지급하기로 했다. 이에 대한 설명 중 가장 적절하지 않은 것은?

① 지준에 대한 이자 지급으로 연방준비은행의 수지가 악화된다.
② 지준에 대한 이자 지급으로 금융회사의 수지가 개선되고 안정화된다.
③ 지준에 대한 이자 지급은 통화총량을 증가시켜 인플레 압력을 증가시킬 수 있다.
④ 금융위기 이후 양적 완화 정책으로 본원통화가 급증하고 지준은 크게 늘어났다.
⑤ 본원통화의 확대 정책은 통화총량을 크게 증가시키지 못하였다. 그 주된 이유 중 하나는 금융위기로 통화승수가 감소하였기 때문이다.

해설

금융위기 충격에서 경제가 어느 정도 벗어나게 되자 그간 펼쳐온 양적 완화 정책을 통한 본원통화의 증가가 통화총량 증가로 연결되기 시작했다. 그러나 아직 위기에서 완전히 벗어나지 못한 상태임을 고려하면 정책 금리를 인상해 본격적인 통화 환수에 나서기에는 어려운 상태다. 이에 따라 은행들이 너무 적극적으로 대출에 나서는 것을 억제하기 위해 지준에 이자를 주는 정책을 최근 도입하게 됐다. 이 정책으로 미국 통화당국은 본원통화 증가에 따른 통화총량 확대를 어느 정도 억제할 수 있을 것으로 기대된다.

정답 ③

Keyword

지급준비금(支給準備金)

은행이 예금자들의 인출 요구에 대비해 예금액의 일정비율 이상을 중앙은행(한은)에 의무적으로 예치토록 한 지급준비제도에 따라 예치된 자금. 은행은 저축성예금 및 요구불예금총액의 11.5%를 한은에 예치해야 한다. 한국은행은 매월 7일과 22일 두 차례에 걸쳐 각 은행이 해당 지급 준비금을 예치했는지 여부를 파악하는데, 이때 의무비율을 지키지 못한 은행에 대해서는 각종 제재조치를 취할 수 있다. 지급준비제도는 당초 금융기관들의 방만한 여신운용을 억제하고 예금자를 보호한다는 목적으로 도입됐으나 최근에는 통화관리(유동성조절)의 중요한 수단으로 활용되고 있다.

041 최근 일자리 문제와 관련되어 실업증가의 원인으로 거론되는 '고용 없는 성장'에 대한 다음의 설명 중 적절하지 않은 것을 고르시오.

가. 공장자동화를 통한 산업구조의 고도화가 '고용 없는 성장'의 해결 방안이다.
나. 노동집약적 산업의 해외생산기시화는 '고용 없는 성장'의 주요 원인 중의 하나로 보고 있다.
다. 고용을 증가시키기 위해서는 고용창출 효과가 큰 제조업을 집중적으로 육성해야 한다.
라. '고용 없는 성장'을 해결하기 위해서는 기업의 투자 확대와 노동시장의 유동성을 확보하는 것이 필요하다.
마. '고용 없는 성장'은 국가 전체적으로는 생산이 증가해 성장이 이루어짐에도 불구하고, 고용 증가는 성장률에 비해 현저히 떨어지는 현상을 의미한다.

① 가, 나
② 가, 다
③ 나, 다
④ 다, 마
⑤ 라, 마

해설

'고용 없는 성장'이란 국가경제는 전체적으로 성장해 생산이 늘어남에도 불구하고 고용은 과거와 같이 많이 늘어나지 않아 고용증가가 성장률에 비해 현저히 떨어지는 것을 의미한다. '고용 없는 성장'의 주요 원인으로는 산업구조의 고도화에 따른 공장자동화, 노동집약형 산업체들의 해외 투자 확대 등이 손꼽힌다.

제조업보다는 서비스업이 고용창출 효과가 훨씬 크게 나타나기 때문에 고용증가를 위해서는 서비스업을 육성하는 것이 제조업을 육성하는 것보다 더욱 효과적인 방법이다. 또한 고용문제를 해결하기 위해서는 투자 확대가 선행돼야 한다는 것이 일반적인 견해이며, 이와 더불어 노동시장의 유연성 확대 등이 해결 방안으로 제시되고 있다.

정답 ②

042 필립스 곡선에 관한 다음 설명 중 옳은 것을 모두 고르면?

가. 합리적 기대의 경우 정부 정책에 대한 신뢰가 높을수록 희생률은 작아진다.
나. 필립스 곡선은 실업률이 낮은 시기에는 인플레이션율도 낮아지는 경향이 있음을 밝힌 것이다.
다. 자연실업률 가설에 따르면 장기에서는 실업률과 인플레이션율 사이에 양의 관계가 존재한다.
라. 인플레이션율을 낮추려 할 때의 희생률은 적응적 기대의 경우보다 합리적 기대의 경우에 더 작아진다.

① 가, 다　② 나, 라　③ 가, 라　④ 나, 다　⑤ 가, 나, 다

해설

필립스 곡선은 실업률과 인플레이션율 사이의 단기적 상충 관계를 서술한 것으로서 정책 당국자가 낮은 인플레이션과 낮은 실업률이라는 목표를 동시에 달성하기는 어렵다는 것을 밝힌 것이다.

자연실업률 가설에 따르면 장기에서 실업률과 인플레이션율 사이에 상충 관계가 존재하지 않는다. 인플레이션을 낮추려는 반인플레이션 정책을 수행하면 과거의 인플레이션율이 향후 계속될 것으로 기대하는 적응적 기대의 경우보다 모든 이용 가능한 정보를 반영하는 합리적 기대의 경우에 실업률 상승 또는 경기 침체 정도가 약하게 나타난다. 즉, 희생률이 작게 된다.

또한 정부가 반인플레이션 정책을 시행할 때 이를 신뢰하여 기대 인플레이션을 빨리 조정할수록 합리적 기대하에서 실업률의 상승은 작아진다.

정답 ③

043 최근 높은 청년실업률이 큰 사회적 문제로 떠오르고 있다. 청년실업에 대한 다음 설명 중 옳지 않은 것끼리 짝지어진 것은?

a. 통계청이 발표하는 청년실업률은 만 20세부터 29세까지의 경제활동인구 중에서 실업상태에 있는 인구의 비율이다.
b. 우리나라 청년층의 경제활동 참여율과 고용률은 다른 OECD 국가들에 비해 현저히 높다.
c. 대부분 OECD 국가들은 높은 청년실업률이 사회적인 문제가 되고 있다.
d. 청년실업을 해결하기 위해서는 제조업보다는 고용유발 효과가 큰 서비스산업을 집중 육성하는 것이 효율적이다.
e. 현재 정부는 청년실업률을 줄이고자 행정인턴, 글로벌 청년리더 사업 등 청년 취업 프로그램을 운영 중이다.

① a, b ② b, c ③ c, d ④ a, d ⑤ b, d

해설

통계청이 발표하는 청년실업률은 국제노동기구(ILO) 기준을 따르고 있으며 만 15세부터 만 29세까지의 경제활동인구를 대상으로 하고 있다. OECD는 만 15세부터 만 24세의 청년을 대상으로 청년실업률을 산정하고 있으며 OECD 기준으로 산정할 경우 우리나라 청년실업률은 더 높아진다(2008년 통계청 기준 7.2%, OECD 기준 9.3%).

OECD 기준으로 살펴볼 때, 2008년 우리나라 청년층의 경제활동 참여율은 26.3%, 고용률은 23.8%이며, 이는 OECD 평균 청년 경제활동 참여율 49.9%, 고용률 43.7%에 비해 현저히 낮은 수준이다.

정답 ①

044 물가와 각종 경제지표와의 관계에 대한 설명 중 옳지 않은 것을 모두 고르시오.

a. 물가지수는 크게 소비자물가지수, 생산자물가지수, GDP디플레이터로 나눌 수 있다.
b. 정부 지출 증가는 총공급을 증가시켜 물가를 하락시킨다.
c. 석유 파동과 같은 공급 충격은 총공급곡선을 변동시켜 총생산량을 감소시킬 뿐만 아니라 인플레이션도 발생시킨다.
d. 디플레이션은 경기가 침체하여 초과 공급이 발생하는 경우에만 나타난다.
e. 물가(또는 예상물가)가 상승하면 명목이자율도 상승하는 경향이 있다.

① a, c ② b, e ③ c, d ④ b, d ⑤ c, e

해설

정부 지출 증가는 총수요 곡선을 우측으로 이동시켜 초과 수요를 발생시킨다. 이에 따라 균형물가 수준은 상승하며, 이를 수요견인 인플레이션이라고 한다. 석유 파동은 기업의 생산비용을 증가시키는 공급 충격이며 총공급곡선을 좌측으로 이동시켜 초과수요를 발생시킨다. 비용 상승으로 인한 총공급곡선의 이동은 총생산량도 감소하고 균형물가 수준도 상승하는 스태그플레이션을 발생시키며 이를 비용인상 인플레이션이라고 한다.

디플레이션은 경기 침체에 따라 발생할 수 있지만 기술진보, 생산비용 하락 등과 같은 공급 충격에 의해 초과공급이 발생하는 경우에도 나타날 수 있다.

정답 ④

045 저금리 시대가 장기화하면서 실질금리에 대한 관심이 높아지고 있다. 명목금리와 실질금리에 대한 다음 설명 중 가장 옳은 것을 고르면?

① 실질금리와 명목금리는 상호 독립적으로 움직인다.
② 실질금리보다 명목금리가 실물투자에 더 큰 영향을 미친다.
③ 실질금리는 명목금리에서 예상물가상승률을 빼고, 실질경제성장률을 더한 것과 같다.
④ 경기 활황기에는 총수요 증가로 물가상승률이 높으므로 실질금리가 일시적으로 하락할 수 있다.
⑤ 경기 불황기에는 소비, 투자 등 경제 내 총수요 감소로 물가와 명목금리는 하락하나 실질금리는 반대로 상승한다.

해설

피셔방정식에 따르면 명목금리는 실질금리와 예상물가상승률의 합으로 표시된다. 즉, 실질금리는 명목금리에서 예상물가상승률을 뺀 것이다. 따라서 경기 회복기에 소비, 투자 등 총수요 증가로 물가가 상승하면 일시적으로 실질금리가 하락하는 현상을 나타낼 수 있다. 일본은 명목금리가 매우 낮은 상황이므로, 경기 회복에 따른 물가 상승에 따라 일시적으로 실질금리가 음(-)이 될 수 있다.

한편 경기 불황기에는 총수요 감소로 물가와 명목금리가 하락하며, 실질금리도 투자의 한계수익률 감소로 하락할 수 있다. 그리고 실질금리는 소비자의 시간선호율과 투자의 한계수익률 등 실질변수 등에 의존하고 있으나, 명목금리는 물가상승률을 반영하고 있으므로 명목금리와 실질금리는 물가상승률을 매개로 의존적인 관계를 지니고 있다.

정답 ④

046 금리·채권가격 및 대출자금시장 간의 관계 중 가장 옳지 않은 것은?

① 대출시장에서 금리가 상승하면 자금의 공급이 증가하여 대출자금의 공급곡선은 우상향한다.
② 채권가격의 하락은 채권의 수요량을 감소시킬 유인을 갖게 되어 채권의 수요곡선은 우하향한다.
③ 채권의 가격은 금리와 반비례하기 때문에 금리상승은 채권의 가격을 떨어뜨려 채권의 수요를 증가시킨다.
④ 채권시장에서 채권가격의 상승은 채권의 공급량을 증가시킬 유인을 갖게 되어 채권의 공급곡선은 우상향한다.
⑤ 대출시장에서 금리가 하락하면 자금의 조달비용이 낮아져 수요가 증가하므로 대출자금의 수요곡선은 우하향한다.

해설

금리의 상승은 채권의 현재가치를 떨어뜨리므로 금리와 채권가격은 반비례한다. 또한 자금의 수요자인 채권의 공급자는 금리의 상승에 따라 자금의 수요를 감소시켜 채권의 공급은 줄어든다. 따라서 금리의 상승은 채권의 공급이 감소하여 채권의 공급곡선은 우상향한다. 자금의 공급자인 채권의 수요자는 금리상승에 따라 자금공급을 증가시키므로 채권수요는 늘어나, 채권의 수요곡선은 우하향하게 된다. 그리고 대출시장에서 자금수요자는 금리가 상승하면 자금조달비용이 높아 자금의 수요가 감소하므로 대출자금의 수요곡선은 우하향하며, 자금공급자는 금리가 상승하면 예상수익률이 높아 자금공급이 늘어나므로 대출자금의 공급곡선은 우상향하게 된다.

정답 ②

047 실업률 및 경제활동참가율에 대한 다음 설명 중 옳지 않은 것을 모두 고르면?

> 가. 실망실업자는 직장을 갖기를 원하는 사람으로서 경제활동인구에 속한다.
> 나. 파업 중이거나 휴가 중인 사람은 취업자로 분류되지 않는다.
> 다. 지난 달보다 실업자 수가 늘어도 실업률이 하락하는 것은 산술적으로 가능하다.
> 라. 지난 달에 비해 취업자 수에는 변화가 없는데 신규로 직장을 구하려는 사람들이 늘어났다면 실업률은 상승한다.
> 마. 생산연령인구가 증가하고 경제활동참가율이 낮아졌다면 비경제활동인구가 증가한 것이다.

① 가, 나 ② 라, 마 ③ 가, 나, 다 ④ 가, 다, 라 ⑤ 나, 다, 라, 마

해설

취업자는 지난 일주일 동안 보수를 받는 일에 한 시간 이상 종사한 자로 정의되지만 18시간 무급가족종사자, 파업, 병가, 휴가 등의 이유로 인한 일시휴직자도 취업자로 분류된다. 실업자는 한 시간 이상 보수를 받는 일에 종사하지 않았으면서 또한 구직활동을 한 경우에만(현재는 지난 4주 기준 실업률) 해당한다.

지난 달에 비해 실업자 수가 늘었더라도 비경제활동인구에서 취업자로 직접 이동한 사람이 많았다면 실업률이 하락하는 것은 가능하며 취업자 수가 변화가 없을 때에는 구직활동을 새로 시작한 사람이 증가하면 실업자가 증가한 것이므로 실업률이 상승한다.

정답 ①

048 금융위기가 발생하면 금융기관에 대한 신뢰가 하락한다. 이에 따라 예금 대비 현금보유비율(현금/예금)이 상승하고, 예금인출 요구의 증가 가능성에 대비하기 위하여 은행의 초과지급준비율이 상승한다고 가정할 경우 다음 중 가장 적절한 설명은?

① 중앙은행이 어떤 변화도 취하지 않는다면 통화승수가 증가한다.
② 과거 대공황기 초기에도 통화승수가 줄자 통화량이 급감해 침체가 심화됐다.
③ 두 요인은 다른 방향으로 작용하기 때문에 통화승수는 늘고 통화량은 감소한다.
④ 두 요인은 다른 방향으로 작용하기 때문에 통화승수는 줄고 통화량은 증가한다.
⑤ 최근 국제금융위기 기간 동안에 본원통화 증가율에는 큰 변화가 없었지만 통화량 특히 M2 증가율이 크게 상승했다.

해설

금융위기 시에 신용경색이 발생하는 주요 이유는 은행을 비롯한 금융기관들에 대한 신뢰가 하락하여 유동성(현금성 자산)에 대한 수요가 높아져 사람들의 현금/예금 비율이 높아지고 이를 대비하기 위하여 은행들의 지급준비율이 상승하기 때문이다.

현금/예금 비율의 상승과 지급준비율의 상승은 모두 통화승수를 하락시키고 통화량을 감소시킨다. 대공황기의 초기에는 이러한 상황이 매우 심각하여 금본위제를 따르고 있었던 많은 선진국들은 본원통화를 크게 변화시킬 수 없었기 때문에 통화승수가 크게 감소함에 따라 통화량이 크게 감소하게 되어 경기침체가 더욱 악화되었다. 최근 국제금융위기 기간에는 대공황의 경제정책 실패를 거울 삼아 본원통화를 크게 확대하였는데 유동성에 대한 선호가 높아져 M2 증가율은 크게 증가하지 않았다.

정답 ②

049 다음 중 경제회복과 관련한 출구전략에 대한 설명과 거리가 먼 것끼리 짝지어진 것은?

> a. 출구전략으로 사용할 수 있는 통화정책은 금리인하 정책이다.
> b. 출구전략으로 사용할 수 있는 재정정책은 긴축재정 정책이며, 총수요를 안정시켜 물가안정을 도모할 수 있다.
> c. 예금, 채권, 주식, 부동산 등에는 직접적인 영향을 주지는 않는다.
> d. 출구전략이란 경기 침체상황을 극복하기 위해 사용한 정책을 경기 회복 후 경제안정화에 초점을 맞추어 변경하는 것을 의미한다.
> e. 출구전략을 시행하는 시기에 대해 견해가 달라 중앙은행에서는 긴축통화 정책을, 정부에서는 확장재정 정책을 사용하면 물가안정 목표를 달성하기 어렵다.

① a, b　② a, c　③ b, d　④ c, e　⑤ d, e

해설

출구전략이란 경제위기를 극복하기 위해 사용했던 확장적 경제정책들을 경기회복 이후 이 정책의 부작용을 최소화하면서 경제 안정화를 위해 정책을 변경하는 것을 의미한다. 사용할 수 있는 통화정책은 금리 인상, 채권 발행 등이며 재정정책으로는 정부 지출 축소, 세원 확대 등을 사용할 수 있다. 출구전략을 사용하면 금리가 상승하고 총수요가 줄어들기 때문에 예금, 채권, 주식 등 국민 경제에 직접적인 영향을 미칠 수 있다.

정답 ②

050 다음 중 배추나 한우 가격이 일시적 수급 불균형으로 인해 폭등과 폭락을 거듭하는 현상을 가장 잘 설명하는 이론은?

① 거미집 이론
② 보이지 않는 손
③ 효율적 시장가설
④ 동태적 최적화이론
⑤ 정태적 가격균형이론

해설

아파트나 농산물 등은 일반 공산품과 달리 공급에 일정한 시간이 필요하다. 이 때문에 가격과 수요가 변화해도 공급량 조절에 시간이 걸린다.

단기엔 공급이 비신축적이고 장기엔 공급이 신축적이서 실제 균형가격은 시간차(time lag)로 말미암아 다소간 시행착오를 거친 후에야 가능하게 된다. 이러한 현상이 수요공급곡선상에 나타내면 단기 가격이 마치 거미집과 같은 모양으로 급등락을 반응하면서 장기 균형가격에 수렴되므로 거미집 이론이라 부른다.

정답 ①

051 2010년 7월 20일에 발행된 액면가 1,000만 원의 국채가 있다고 하자. 1년 후에 60만 원, 2년 후에 60만 원, 3년 후에 1,060만 원을 지급하기로 되어 있다. 이에 대한 설명으로 옳지 않은 것을 모두 고르면?

가. 이 채권의 이표이자율은 6%다.
나. 1년 후 이 채권의 가격은 1,000만 원보다 낮아질 수 없다.
다. 이 채권은 만기가 3년인 이표채다.
라. 2년 후 1년 만기 이자율이 6%라면 2년 후 채권의 가격은 1,000만 원이다.

① 가 ② 나 ③ 다 ④ 라 ⑤ 나, 라

해설

채권은 발행자가 일정한 금액을 만기에 지급하기로 약속한 증서로서 만기 이전에도 시장에서 거래될 수 있다. 채권 보유자는 만기까지 발행 시에 결정된 액면가의 일정비율(이표이자율)을 받는 이표이자지급액을 매년 받고 만기일에 액면가를 받는다. 이 국채는 액면가 1,000만 원에 대하여 매년 60만 원을 지급하므로 이표이자율은 6%며 3년 후에 액면가를 지급하는 국채이므로 3년 만기 이표채다.

이 채권이 발행된 후 시장에서 통용되는 이자율이 6%보다 높아진다면 이 채권의 가격은 액면가보다 낮아지며 시장이자율이 6%보다 낮아진다면 채권의 가격은 액면가보다 높아지고 시장이자율이 6%라면 채권의 가격은 액면가와 동일하게 된다.

정답 ②

052 한국은행은 최근 금융통화위원회에서 정책금리인 기준금리를 0.25%포인트 인상했다. 정책금리와 시장금리 관계와 파급효과에 대한 다음 설명 중 옳은 것을 모두 고르시오.

가. 정책금리 인상은 경제의 총수요에 즉각적인 영향을 미쳐 물가상승 압력을 억제한다.
나. 정책금리 변동이 경제의 총수요에 영향을 미치는 데는 상당한 시간이 걸릴 수 있다.
다. 초단기 금리인 정책금리 인상은 이자율 기간구조에 따라 장단기 금리를 올릴 수 있다.
라. 경제 내 불확실성과 대외경제의 충격 등으로 단기금리는 상승하나 장기금리는 오히려 하락할 수도 있다.

① 가, 나 ② 다, 라 ③ 나, 다, 라 ④ 가, 다, 라 ⑤ 가, 나, 다, 라

해설

초단기 금리인 정책금리는 이자율 기간구조에 따라 장단기 금리에 영향을 미친다. 일반적으로 장기금리는 장기에 따른 불확실성 증대 등으로 단기금리보다 높다.

그러나 미래 경제 예측에 대한 불투명과 경제 외적인 충격 등이 예상될 때는 단기금리는 상승하나 장기금리는 오히려 하락할 수도 있다. 예를 들어 세계 경기 침체가 예상 외로 지속된다면 경제의 총수요 하락으로 단기금리 상승에도 불구하고 장기금리는 오히려 하락할 수도 있다. 또한 초단기 정책금리 변동으로 총수요 등 실물경제에 영향을 주는 데는 장단기 금리변화에 의한 소비·투자 변화가 있어야 하므로 상당한 시차가 있다.

정답 ③

053 강형 효율적 시장 가설이란 공개 정보와 내부 정보를 포함한 모든 정보가 주가에 즉각 반영되어있는 상태를 의미한다. 이런 주식시장에서 주식을 선택하는 가장 합리적인 방법은?

① 지난 기간 수익률이 높았던 주식을 선택
② 투자자 본인 분석에 따라 선택
③ 아무 주식이나 무작위로 선택
④ 무추얼 펀드(mutual fund)를 통한 선택
⑤ 지난 기간 수익률이 낮았던 주식을 선택

해설

효율적 시장 가설(efficient market hypothesis)은 금융과 재무이론의 근간을 이루는 중요한 개념이다. 이 가설에 따르면 수많은 주식 투자자들 간 경쟁으로 인하여 주식가격에는 그 주식에 대한 모든 정보가 포함되어 있다는 것이다. 즉, 강형 효율적 시장 가설은 몇 가지 효율적 시장 가설 형태 중에서 가장 효율적인 형태다.

따라서 기술적 분석과 펀더멘털 분석을 통하여 주가를 예측하고 이익을 얻을 수 없고, 오로지 운에 따라 주식 가격과 수익률이 결정된다. 이러한 주식시장에서는 무작위로 주식을 선택하는 것이 시간과 비용을 줄이는 합리적인 선택이 된다.

효율적 시장 가설에서는 지난 기간 수익률과 같은 과거 정보는 현재 주식가격에 모두 반영되어 있으므로 ①과 ⑤에서와 같은 주식 선택은 올바른 선택이 될 수 없다. ②와 같이 개인의 분석이나 ④처럼 펀드매니저 분석을 통한 주식투자 역시 기술적 분석이나 펀더멘털 분석을 통해 주식을 선택한다고 볼 수 있으므로 효율적 시장 가설에서 올바른 선택이 아니다. 새로운 정보나 분석방법 역시 효율적 시장 가설에서는 시장의 주식가격에 빠르게 반영되고 마는 것이다.

정답 ③

054 정부가 최근 내놓은 부동산정책이 시장에 얼마나 영향을 미칠지 관심이다. 다음 설명 중 가장 옳지 않은 것은?

① DTI는 총부채상환비율로 이 비율의 한도를 낮추면 소득대비 대출받을 수 있는 금액이 적어져 주택구입수요가 억제되는 효과가 있다.

② LTV는 주택가격대비 담보인정비율로서 이 비율의 한도를 인하하면 주택구입수요가 억제된다.

③ 1가구 다주택 양도세 중과의 한시적 완화 정책은 현재 다주택자의 주택매도 공급을 억제하는 효과가 있다.

④ 변동금리 대출의 경우 이자율 변동의 위험을 대출자가 떠안기 때문에 변동금리대출의 이자율이 고정금리대출의 이자율보다 더 낮다.

⑤ 미분양 주택에 대한 취득·등록세의 한시적 감면 정책은 주택 구입 수요를 확대할 가능성이 있다.

해설

DTI는 총소득 중에서 원리금 상환액이 차지하는 비율이 일정 수준을 넘지 못하게 함으로써 대출금액에 제한을 두는 것이며 LTV는 주택가격 대비 담보로 설정할 수 있는 비율에 한도를 두는 것이다. 두 비율이 인하되면 대출받을 수 있는 금액이 축소되게 되어 주택구입수요가 억제된다. 다주택자의 양도차익에 부과되는 세율은 50~60%이나 이를 완화해주면 현재 주택보유자의 주택매도공급을 확대시키는 효과가 있다. 변동금리대출은 대출자가 고정금리대출은 금융기관이 이자율 변동의 위험을 떠안게 된다.

정답 ③

055 물품세, 법인세, 소득세 등은 국가재정을 구성하는 중요 재원이다. 조세에 대한 다음 설명 중 옳지 않은 것을 모두 고르시오.

a. 정부의 조세수입이 동일하다면, 물품세가 소득세보다는 소비자 후생의 감소가 적게 나타난다.
b. 소득세를 부과하는 경우 소비자의 실질소득을 감소시키지만 상품 사이의 상대가격은 변화시키지 않는다.
c. 보석이나 고급 승용차와 같은 사치재에 물품세가 부과되는 경우 생산업자에게 상대적으로 더 많은 조세귀착이 발생한다.
d. 일반적으로 물품세를 부과하여 감소되는 소비자잉여와 생산자잉여의 합이 조세수입보다 크기 때문에 사회적으로 순손실이 발생한다.
e. 생산자에게 물품세가 부과되면 수요의 가격탄력성이 공급의 가격탄력성보다 높을 경우 생산자보다 소비자에게 상대적으로 더 많은 세금이 귀착된다.

① a, b
② a, e
③ b, d
④ c, d
⑤ d, e

해설

수요의 가격탄력성이 높고 공급의 가격탄력성이 낮은 경우에 세금 부과로 가격이 상승하면 수요는 크게 줄지만, 공급은 상대적으로 크게 줄지 않는다. 따라서 상대적으로 공급자에게 더 많은 세금 부담이 생기게 된다. 고급 승용차나 보석 같은 사치품은 소비의 가격탄력성은 크나 생산의 가격탄력성이 낮은 경우라서 세금 부과는 상대적으로 생산자에게 귀착된다.

조세가 부과되면 균형거래량은 부과되기 전보다 감소하고 효율적인 거래가 저해되어 사회적 순손실이 발생하게 되는데, 이를 자중손실(deadweight loss)이라고 한다. 조세가 부과되면 소비자 후생이 감소하게 되는데 그 정도는 물품세와 소득세에 따라 다르게 나타난다. 일반적으로 물품세는 소비자의 실질소득을 감소시킬 뿐만 아니라 상품 사이의 상대가격을 변화시킨다. 반면에 소득세의 경우 실질소득은 감소시키지만 상품 간 상대가격을 일정하게 유지시켜 소비자가 더 자유로운 선택이 가능하기 때문에 물품세보다 높은 효용을 주는 선택을 가능하게 한다.

정답 ②

※ 다음과 같은 생산활동에 대한 다음의 질문에 답하시오(56~57).

A는 외국으로부터 밀 3,000만 원어치를 수입해 밀가루를 생산하여 5,000만 원에 판매했다. A는 수입금 중 B로부터 빌린 제분기계 및 공장에 대한 임대료 500만 원을 지급하고 나니 순수입은 1,500만 원이었다. C는 A로부터 5,000만 원의 밀가루와 D로부터 3,000만 원의 과일을 구입해 1억 3,000만 원어지의 시리얼을 생신했디. C는 생산한 시리얼 중 3,000만 원어치를 수출하고, 9,000만 원어치를 국내에 판매했으나 1,000만 원어치는 아직 팔리지 않았다.

과일 생산업자 D는 매출액 중 2,000만 원을 은행에 예금했다. 시리얼 생산업자 C는 총수입 중에서 종업원 E에게 2,000만 원의 임금을 지급했으며 은행에서 2,000만 원을 대출받아 다음 해에 생산을 확대하기 위하여 F가 만들어 판매한 기계를 1,000만 원에 구입하였다.

위에 등장한 모든 사람의 소득은 시리얼만을 소비하는 데 지출되었으며 C도자기가 만든 시리얼이지만 시장에서 구매하였다고 가정하고, 명시되지 않은 경우 노동 이외의 다른 생산요소는 없다고 가정한다.

056 앞의 생산활동으로부터 생산된 GDP는 얼마인가?

① 1억 원
② 1억 1,000만 원
③ 1억 3,000만 원
④ 1억 3,500만 원
⑤ 1억 4,500만 원

해설

GDP는 최종 생산물의 가치를 계산하거나 또는 부가가치의 합계로 계산될 수 있는데 최종 생산물의 가치는 시리얼 1억 3,000만 원에서 수입액 3,000만 원을 제외한 1억 원과 새로 구입한 기계 1,000만 원을 합하여 1억 1,000만 원이 된다. 생산 단계별 부가가치는 밀가루 생산 단계에서 2,000만 원, 과일 생산 3,000만 원, 시리얼 생산 단계에서 5,000만 원, 기계 생산에서 1,000만 원이 되어 합계 1억 1,000만 원이 된다.

정답 ②

057 앞의 생산활동과 관련된 다음 설명 중에서 옳은 것을 모두 고르면?

가. 소비 총액은 9,000만 원이다.
나. 투자 총액은 1,000만 원이다.
다. C의 소득은 3,000만 원이다.
라. A, B, C, D, E, F의 소득을 모두 합하면 소비와 투자의 합과 동일하다.

① 가, 나
② 가, 나, 다
③ 가, 나, 라
④ 가, 다, 라
⑤ 나, 다, 라

해설

소비는 시리얼 1억 3,000만 원 중에서 수출 3,000만 원, 재고투자 1,000만 원을 제외한 9,000만 원이며 투자는 기계 구입 1,000만 원과 재고투자 1,000만 원을 합한 2,000만 원이다. 소득은 A가 1,500만 원, B가 500만 원, C가 3,000만 원, D가 3,000만 원, E가 2,000만 원, F가 1,000만 원이다. 순수출은 0이므로 모든 소득을 합하면 소비와 투자의 합과 동일하다.

정답 ④

058 다음 국내총생산(GDP)에 대한 설명 중 옳은 것끼리 짝지어진 것은?

> ㉠ 음식점에서 신용카드로 주는 팁은 GDP에 포함되지 않는다.
> ㉡ 중고품시장에서 거래된 재화의 가치는 GDP에 포함되지 않는다.
> ㉢ 군인이 국가 방위를 위해 제공하는 서비스는 GDP에 포함되지 않는다.
> ㉣ 전업주부들이 집에서 하는 노동에 대한 가치는 매년 추정되어 GDP에 포함된다.
> ㉤ 자신이 소유한 집에서 살더라도 그 주택이 제공하는 서비스 가치를 추정하여 GDP에 포함시킨다.

① ㉠, ㉡　② ㉠, ㉢　③ ㉡, ㉤　④ ㉢, ㉣　⑤ ㉣, ㉤

해설

국내총생산(GDP)은 '일정 기간 동안 한 나라의 국경 안에서 생산된 모든 최종 생산물의 가치'로 정의된다. 음식점에서 팁으로 내는 금액은 그 증거가 있으면, 즉 현금이 아닌 신용카드로 지불했더라도 GDP에 포함된다.

귀속가치를 계산할 필요가 있는 또 다른 주요 항목은 주택서비스다. 이 서비스 가치는 정확히 측정할 수 없기 때문에 시장에서 실제로 거래되는 임대가격을 이용하여 모든 주택에서 생산되는 주거서비스를 계측하고 이를 모두 GDP에 포함시킨다.

GDP는 최종재 가치만을 포함시키기 때문에 중고품시장에서 거래된 재화의 가치는 GDP에 포함되지 않는다.

정답 ③

059 다음 그래프는 1985년부터 2005년까지 미국 소비율(소비지출/소득) 변화를 보여주고 있다. '고전학파' 이론에 따르면 이런 소비율의 급격한 증가가 미국 경제에 가져올 변화와 가장 거리가 먼 것은?

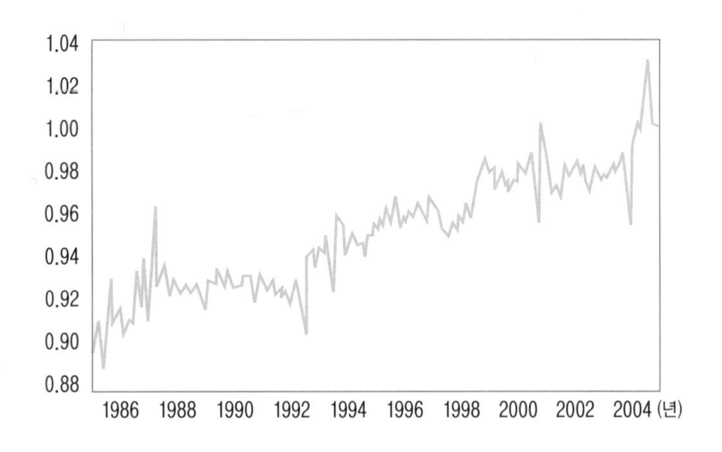

① 기업 투자가 감소한다.

② 과소비가 일어나게 된다.

③ 균형이자율은 하락한다.

④ 저축률이 감소한다.

⑤ 장기적으로 경제 성장에 부정적인 영향을 미친다.

해설

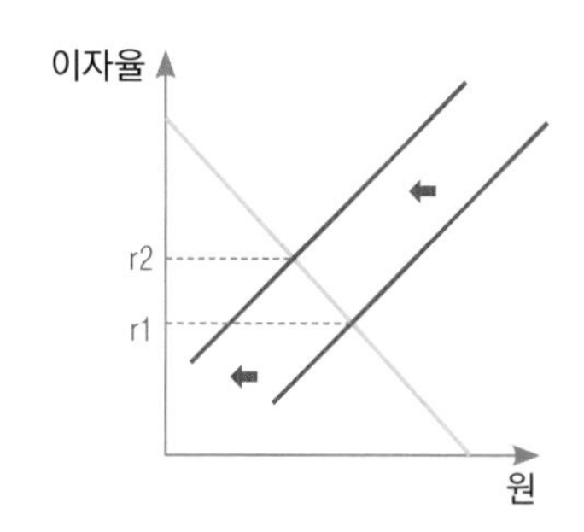

'저축률+소비율=1'이 된다. 즉, 그 정의로 보면 소득은 소비나 저축 등 두 가지로만 이용되는 것이다. 따라서 그래프에서 미국에서처럼 소비율이 급하게 증가하면 저축률은 반대로 급하게 감소하게 된다.

저축률 감소는 총저축 감소를 가져오고, 기업 투자 감소로 이어진다. 투자 감소는 장기적으로 경제 성장에 부정적인 영향을 주게 된다. 그래프를 보면 2000년 이후 소비율이 1의 값을 넘게 된다. 이는 미국 내에서 광범위하게 과소비가 이루어지고 있음을 알 수 있다.

저축 감소는 오른쪽 그래프에서와 같이 금융시장의 자금 수요·공급 관계에서 자금 공급곡선을 왼쪽으로 이동시키고, 균형이자율은 상승하게 된다.

정답 ③

060 외부효과(externality)에 대한 다음 설명 중 옳은 것을 모두 고르면?

㉠ 정부의 개입이 없다면 정(+)의 외부효과를 갖는 재화나 서비스는 사회최적의 양보다 적게 생산된다.
㉡ 정부의 개입이 없다면 음(-)의 외부효과를 갖는 재화나 서비스는 사회최적의 양보다 적게 생산된다.
㉢ 교육은 정(+)의 외부효과를 갖기 때문에 무상교육을 실시할 필요가 있다.
㉣ 외국에도 잘 알려진 한류 연예인들은 정(+)의 외부효과가 있기 때문에 정부에서 경제적 지원을 할 필요가 있다.
㉤ 환경보호는 정(+)의 외부효과가 있으므로 환경을 파괴하는 4대강 사업은 중단되어야 한다.

① ㉠, ㉡, ㉢
② ㉡, ㉢, ㉣
③ ㉢, ㉣, ㉤
④ ㉠, ㉢, ㉣
⑤ ㉡, ㉢, ㉤

해설

외부효과는 '어떤 경제활동과 관련해 다른 사람에게 의도하지 않은 혜택[정(+)의 외부효과]이나 손해[음(-)의 외부효과]를 가져다주면서도 이에 대한 대가를 받지도, 비용을 지불하지도 않는 상태'를 말한다.

예를 들면 교육은 정(+)의 외부효과가 있는 것으로 잘 알려져 있다. 사회나 국가의 입장에서는 교육수준이 높은 사람들이 많을수록 좋으나 교육비와 기회비용 때문에 각 개인들이 선택하는 교육수준은 사회최적보다 낮게 된다. 따라서 정부는 무상 의무교육을 실시하여 교육의 사회최적화를 이루고자 하는 것이다.

환경을 보호하는 것이 정(+)의 외부효과를 제공하는 것은 맞지만 4대강 사업으로 발생하는 경제적 이득도 크기 때문에 무조건 4대강 사업을 중단하는 것은 사회최적이라고 할 수는 없다. 따라서 4대강 사업이 발생시키는 경제적 이익과 환경 파괴가 가져올 경제적 불이익을 계산하여 4대강 사업 순이익이 양(+)이 되면 사업을 하고 음(-)이 되면 사업을 중단하는 결정을 내려야 할 것이다.

정답 ④

061 '고용 없는 성장'은 성장률에 비해 고용 증가가 떨어지는 현상을 의미한다. 최근 일자리 문제와 관련되어 실업증가의 원인으로 거론되는 '고용 없는 성장'에 대한 다음의 설명 중 적절하지 않은 것을 고르시오.

① 노동집약적 산업의 해외생산기지화는 '고용 없는 성장'의 주요 원인이다.
② 공장자동화를 통한 산업구조의 고도화는 '고용 없는 성장'의 원인이 된다.
③ 근본적으로 노동시장의 유연성이 높아지면 '고용 없는 성장'을 해결할 수 있다.
④ 기업의 투자 확대가 소비에 선행돼야 채용이 늘어나고 고용문제를 해결할 수 있다.
⑤ 서비스업보다 제조업을 육성해야 고용창출 효과가 크고 '고용 없는 성장'을 해결할 수 있다.

해설

'고용 없는 성장'이란 생산이 늘어남에도 불구하고 고용은 많이 늘어나지 않아 고용증가가 성장률에 비해 현저히 떨어지는 현상을 의미한다. '고용 없는 성장'의 주요 원인으로는 산업구조 고도화에 따른 공장자동화, 노동집약형 산업체들의 해외 투자 확대 등이 손꼽힌다. 제조업보다는 서비스업이 고용창출 효과가 훨씬 크게 나타나기 때문에 고용 증대를 위해서는 서비스업을 육성하는 것이 더욱 효과적인 방법이다. 고용문제를 해결하기 위해서는 투자 확대도 선행돼야 한다.

정답 ⑤

062 금융통화위원회가 기준금리를 0.25%포인트 인상한다고 발표했다. 이에 대한 논평으로 가장 옳지 않은 것은?

① 인플레 기대심리 확산으로 물가를 잡기 위한 조치다.
② 기업투자 활성화에는 부정적인 영향을 미칠 수 있다.
③ 대출을 많이 받은 개인은 이자 상환 부담이 커진다.
④ 중앙은행이 경기 부양을 가속화하기 위한 정책이다.
⑤ 외국자본 유입 증가로 달러 대비 원화가치는 상승(환율은 하락)할 것이다.

해설

기준금리란 통화정책의 목표가 되는 단기금리를 말한다. 기준금리를 올리면 물가 상승을 억제하고 경기를 진정시키는 효과를 기대할 수 있다. 또한 기준금리를 인상하면 은행 대출금리도 높아지기 때문에 기업과 가계의 이자 부담이 증가하고 투자에 부정적인 영향을 미치게 된다. 금리가 인상되면 높아진 이자율을 따라 외국자본이 유입되어 원화 수요가 늘어나게 된다. 이에 따라 원화가치가 올라가고 달러 대비 원화환율은 하락한다.

정답 ④

063 다음은 최근 물가 상승과 관련된 기사 중 일부분이다. 이와 관련된 아래 주장 가운데 가장 옳지 않은 것은?

> 2011년 2월 소비자물가는 1년 전에 비해 4.5%, 생산자물가는 6.6% 상승한 것으로 나타났다. 2011년 들어 월별 소비자물가 상승률은 한국은행이 설정한 물가안정 목표치(3.0±1.0%)의 상한을 잇달아 넘어서고 있다. 물가 상승의 주요 요인으로는 유류·원자재가격 상승과 식료품 가격 상승이 지적되고 있다.

① 소비자물가 상승률보다 근원 인플레이션율이 더 높게 나타났을 것이다.
② 향후 통화정책 방향은 기준금리를 인상하는 방향으로 전개될 가능성이 높다.
③ 소비자물가와 생산자물가를 구성하는 품목은 일정 기간 고정되어 있다.
④ 원화가치가 상승하면 물가 상승 압력이 완화될 수 있을 것이다.
⑤ 생산자물가가 소비자물가로 반영되는 데 2~3개월 걸리기 때문에 향후 소비자물가 상승세는 당분간 지속될 것이다.

해설

물가 상승 압력이 존재할 때 통화당국은 기준금리를 인상하는 방향으로 정책을 수행하며, 근원 인플레이션율은 소비자물가지수에서 석유류 등 외부 충격에 의해 일시적으로 급등락하는 품목을 제거한 후 산출하는 물가지수 상승률로서 3.1%로 더 낮게 나타났다. 소비자물가와 생산자물가를 구성하는 품목은 5년에 한 번 바뀐다.

정답 ①

Keyword

소비자물가지수(CPI: consumer price index)

전국 도시의 일반소비자 가구에서 소비 목적을 위해 구입한 각종 상품과 서비스에 대해 그 전반적인 물가수준동향을 측정하는 것이다. 이를 통해 일반 소비자가구의 소비생활에서 필요한 비용이 물가변동에 의해 어떻게 영향 받는가를 지수치로 나타내게 된다. 통계청에서는 매달 3회(5, 15, 25일)에 걸쳐 서울, 부산 등 전국 32개 도시의 약 1만 2,000개의 소매점포에서 거래되는 상품과 서비스의 개별가격동향을 지방통계사무소 직원들이 직접 재래시장, 백화점, 슈퍼마켓을 다니며 현장 조사한 다음, 이를 컴퓨터에 전산 입력하고 이 결과는 중앙컴퓨터에 전달되어 가중평균으로 계산된다. 특정의 집단이나 개개인에게 영향을 주는 가격변동을 측정하고자 하는 것이 아니라 도시가구의 평균적인 소비 패턴을 반영하는 것이며, 특정 품목에 한정하는 것이 아니라 일상생활에서 구입하는 식료품, 의약품, 가전제품 등의 상품과 수업료, 집세, 버스요금, 이발료 등 서비스요금 등 509개 품목의 가격 움직임을 전체적으로 종합하여 나타내는 것이다.

064 2011년 1분기에 우리나라의 물가상승률은 전년 동기 대비 약 5%에 이르고 있다. 이에 정부는 물가를 억제하기 위한 정책을 시행하고 있다. 일반적으로 물가를 안정화시키는 정책방향이 아닌 것은?

① 이자율의 인상
② 통화공급의 감소
③ 원화가치의 하락
④ 재정지출의 감소
⑤ 공개시장조작을 통하여 중앙은행이 채권을 매각

해설

이자율의 인상은 총수요를 감소시켜 재화와 서비스에 대한 수요가 감소하므로 물가를 하락시키는 효과가 있다. 통화공급의 감소는 일반적으로 이자율을 상승시키는 효과가 있으므로 결과적으로 물가를 안정시키는 효과가 있다. 재정지출의 감소 역시 일반적으로 재화와 서비스에 대한 수요를 감소시키고, 총소득을 감소시켜 물가를 감소시키는 효과가 있다.

중앙은행이 공개시장조작(open market operation)을 통하여 채권을 매각하는 경우 시중에서 통화를 흡수하게 되므로 통화공급 감소, 이자율 상승, 물가안정의 효과가 있다. 하지만 원화가치가 하락하는 경우, 일반적으로 수입물품의 가격이 상승하여 물가를 상승시키는 효과가 있다.

정답 ③

065 2009년부터 2011년까지 사과나라의 통화량(M), 화폐유통속도(V), 물가(P), 실질GDP(Y)의 자료는 다음 표와 같다고 한다. 사과나라 중앙은행이 2011년 전년 대비 물가상승률을 0%에 고정시키고자 한다면 통화량의 전년 대비 증가율은 어느 수준에서 결정되어야 하는가? 이때 사과나라 중앙은행은 고전학파의 '화폐수량설'에 따라 통화량을 결정하며 통화정책 시행으로 인한 시차(lag)는 없다고 가정한다.

연도	통화량(M)	화폐유통속도(V)	물가(P)	실질GDP(Y)
2009년	4만 500원	2	90	사과 900개
2010년	5만 원	2	100	사과 1,000개
2011년	-	2	-	사과 1,050개

① 0% ② 2% ③ 5% ④ 10% ⑤ 50%

해설

고전학파의 '화폐수량설' 이해에 대한 문제다. 화폐수량설은 다음의 '교환방정식'으로 설명된다. 즉, 통화량(M)×화폐유통속도(V)=물가(P)×실질GDP(Y)가 일반적인 '교환방정식'이다. 이때 시간이 지나도 거의 변화가 없는 화폐유통속도(V)와 상대적으로 천천히 움직이는 실질GDP(Y)를 가정하면, 통화량의 변화는 물가의 변화(인플레이션)에 영향을 미친다는 것이 '화폐수량설'의 결론이다. 앞의 '교환방정식'은 '증가율'의 개념으로 고쳐 쓸 수 있는데, 다음과 같이 표현된다.

통화량(M)의 증가율+화폐유통속도(V)의 증가율=물가(P) 증가율(인플레이션)+실질GDP(Y)증가율

정답 ③

066 정부의 적절한 개입은 시장의 실패를 교정하고 효율성을 높일 수 있다. 다음 중 정부 개입이 정당화되지 않는 것끼리 짝지은 것은?

㉠ 은행 등 도산 때 파급효과가 큰 산업
㉡ 외부효과가 큰 혁신적 상품이나 아이디어의 보호
㉢ 판매자나 구매자 모두 상품 품질에 대해 정확히 잘 모를 때
㉣ 생산량이 많으면 많을수록 상품단위당 생산비용이 상승할 때
㉤ 기초과학연구처럼 그 결과의 외부효과는 크나 불확실성이 존재할 때

① ㉠, ㉡
② ㉡, ㉢
③ ㉢, ㉣
④ ㉣, ㉤
⑤ ㉠, ㉤

해설

은행이 도산하면 일반 기업이 도산하는 것보다 훨씬 큰 파급효과를 미친다. 개인들은 수입을 은행에 저축하지 않고 현금으로 보유할 것이며, 그 결과 은행은 자금이 없어 대출을 할 수 없게 되고, 국가경제는 심각한 유동성 위기에 빠지게 될 것이다. 외부효과가 큰 혁신적 상품이나 아이디어는 국가가 일정 기간 그 사용권한을 발명자에게만 국한시키는 특허권을 부여하고 있다. 발명은 정(+)의 외부효과가 크기 때문에 정부가 개입하여 보호해야 사회 최적화를 이룰 수 있다.

판매자나 구매자 모두 상품 품질에 대해 잘 모르는 상품 사례는 수박이나 참외 등이다. 실제로 먹어보지 않으면 그 품질을 알 수 없는 상품들이다. 그렇다고 정부에서 개입할 수 있는 방법도 없다. 만약 판매자와 구매자 사이에 상품 품질에 대한 정보가 비대칭이라면, 정부가 개입하여 정보 공개를 강제할 수 있다.

그러나 상품 품질에 대해 판매자와 구매자 모두 잘 모르는 정보의 대칭 상태에서는 정부 개입이 정당화되지 않는다. 생산량이 많으면 많을수록 상품단위당 생산비용이 상승할 때는 정부가 개입할 경제학적 근거는 없다. 기초과학연구를 시장에 맡기면 사회 최적화보다 적게 행해지게 된다. 왜냐하면 투자 대비 수익에 대한 불확실성이 너무 크기 때문이다.

정답 ③

067 글로벌 금융위기 이후 금융시스템 안정에 대한 중요성이 강조되고 있다. 금융의 공공재적 특성에 관한 아래의 서술 중 맞는 것을 모두 고르면?

㉠ 금융안정의 편익에 특정개인을 배제할 수 없으므로 금융은 비배제성을 지니고 있다.
㉡ 금융안정과 제공에는 비용이 수반되지만, 일반적으로 금융안정의 혜택만 누릴 뿐 그 부담은 지지 않는다.
㉢ 금융이 안정적인 경우 양의 네트워크 외부성이 부분적으로 발생하지만, 개별거래자의 사적 편익보다 훨씬 큰 사회적 편익은 제공할 수 없다.
㉣ 금융시스템이 안정적인 경우 한 개인의 금융행위가 누리는 편익과 다른 개인의 금융행위에 의한 편익이 동시에 발생할 수 있으므로 금융은 비경합성을 지니고 있다.

① ㉠, ㉡, ㉢
② ㉡, ㉢, ㉣
③ ㉠, ㉡, ㉣
④ ㉠, ㉢, ㉣
⑤ ㉠, ㉡, ㉢, ㉣

해설

금융이 안정적인 경우 한 개인의 금융행위로 인한 편익이 발생하더라도 다른 개인의 금융행위에 의한 편익이 동시에 발생할 수 있으므로 금융은 비경합성을 지닌다. 또한 국방의 경우처럼 금융안정의 편익에 특정개인을 배제할 수 없으므로 금융은 비배제성을 함께 지니고 있다.

사회 전체적으로 금융활동이 빈도와 규모 면에서 어느 일정한 수준을 초과하여 보편화되면 금융거래의 흐름은 또 다른 금융흐름을 초래하는 양의 네트워크 외부성이 나타나 개별거래자의 사적 편익보다 훨씬 큰 사회적 편익은 제공할 수 있다.

정답 ③

068 효율임금이론은 실업이 존재하는데도 불구하고 균형임금보다 높은 수준에서 임금이 형성되어 낮아지지 않는 현상을 설명하는 경제이론이다. 이에 대해 가장 거리가 먼 설명은?

① 효율임금이론은 실업의 존재를 설명하는 데 이용될 수 있다.
② 임금이 낮아지면 우수 인력이 빠져나가 역선택이 발생할 수 있다.
③ 임금이 낮아지면 태업, 근무태만, 높은 불량률 등이 발생할 수 있다.
④ 임금은 비용이므로 임금을 높게 지급할수록 생산비가 상승하여 생산성이 떨어진다.
⑤ 기업가 또는 고용주들이 자발적으로 임금수준을 균형수준보다 높게 유지하려는 경향이 있다.

해설

효율임금이론은 임금수준이 생산성과 관련되어 있다는 생각에 기초하고 있다. 임금을 낮추면 우수한 인력들은 다른 직장으로 빠져나가 이직률이 높아지거나 신규 지원이 줄어들어 역선택이 발생할 수도 있다고 본다. 효율임금이론은 아울러 임금을 낮추면 태업, 근무태만 등 노동생산성이 낮아질 수 있다는 이론이다. 효율임금이론은 임금을 높게 지급할수록 생산성이 낮아진다는 것과는 정반대 논리라고 볼 수 있다.

정답 ④

069 일본 정부는 경기 불황을 타개하기 위해 재정 지출 확대 정책(이하 재정 정책)과 화폐 공급 증가 정책(이하 통화정책)을 고려하고 있다. 이 두 가지 정책 중에서 한국 수출업체들이 선호할 만한 정책(A)과 이러한 정책이 시행되었을 때 엔화 대비 원화가치에 미치는 영향(B)에 대해 옳게 짝지은 것은?

① 재정 정책-원화가치 하락
② 재정 정책-원화가치 상승
③ 통화 정책-원화가치 하락
④ 통화 정책-원화가치 상승
⑤ 해당 없음-원화가치 불변

해설

일본 정부 재정 정책은 일본 이자율을 상승시키고, 이로 인해 한국에서 일본으로 자금 유입이 늘어난다. 일본 은행에 자금을 예치하는 투자자들로 인해(일본 은행에 자금을 예치하기 위해서는 엔화가 필요하므로) 엔화 수요가 늘어남에 따라 원화가치는 하락(원/엔 환율 상승)한다. 일본 수입업자는 보다 저렴한 가격으로 한국 상품을 구매할 수 있게 되고 이는 한국 상품에 대한 일본 내 수요 확대로 귀결된다. 이러한 수요 확대로 인해 한국 수출업자는 이득을 누리게 된다. 반면 일본 정부의 화폐정책은 정반대 결과를 초래한다. 원화가치는 엔화에 비해 상승하고, 따라서 한국 수출업자는 가격경쟁력 약화로 손실을 입을 가능성이 높아진다.

정답 ①

070 달러에 대한 원화가치가 1달러당 1,100원에서 1,200원으로 변동했다. 반면 엔화에 대한 원화가치는 100엔당 1,100원에서 1,000원으로 바뀌었다. 이 경우 나타날 것으로 예측되는 상황과 가장 거리가 먼 것은?

① 국산 자동차의 미국 수출은 더 늘어날 것이다.
② 우리나라로 오는 일본인 관광색은 감소힐 것이다.
③ 일본에서 미국산 옥수수의 가격은 상승할 것이다.
④ 우리나라의 대일(對日) 무역수지는 악화될 것이다.
⑤ 미국으로 어학연수를 떠나는 우리나라 학생은 증가할 것이다.

해설

1달러의 원화표시 가격이 1,100원에서 1,200원으로 바뀌었다면 원화가치는 평가절하됐고 달러가치가 평가절상됐다고 볼 수 있다. 이 때문에 대외무역에 있어 동일한 1달러짜리 미국 상품을 수입하는 경우 원화로 표시한 가격은 1,100원에서 1,200원으로 오르고, 반대로 1,100원짜리 우리나라 상품을 미국으로 수출하는 경우 달러로 표시한 가격은 1달러에서 92센트로 떨어질 것이다. 마찬가지로 문제의 환율 변화로 보면 원화에 비해 엔화가치는 평가절하됐고 당연히 달러와 엔화의 관계에서도 엔화는 평가절하되었다. 이 때문에 우리나라로 오는 일본인 관광객의 여비 부담은 증가되어 관광객이 감소할 것이며, 동일하게 미국으로 떠나는 우리나라 학생의 부담도 증가되어 그 수가 감소할 것으로 예상할 수 있다.

정답 ⑤

국제

071 최근 우리나라는 심한 환율 변동을 경험하고 있다. 환율과 관련된 다음 설명 중 옳지 않은 것을 고르면?

> a. 변동환율제도 아래에서는 고정환율제도보다 더 많은 외환준비금이 필요하다.
> b. 다른 조건이 일정할 때, 국내 이자율이 상승하는 경우 환율을 상승시키는 요인으로 작용한다.
> c. 다른 조건이 일정할 때, 외국투자자들이 지속적으로 우리나라의 주식을 매각하는 경우 환율을 상승시키는 요인으로 작용한다.
> d. 환율은 외환의 수요와 공급에 의해 결정되며, 외환시장에서 외환의 수요가 증가하면 환율은 상승(국내통화의 평가절하)한다.

① a, b ② b, c ③ c, d ④ a, c ⑤ b, d

해설

외환의 수요가 증가하면 이에 따라 환율이 상승하고, 국내 통화의 가치는 하락한다. 다른 조건이 일정할 때, 외국인 투자자들이 주식시장에서도 순매도를 하는 경우 국내 화폐로 돌려받은 투자금액을 외환으로 교환하고자 하는 외환수요가 증가하여 환율이 상승한다. 반면 국내 이자율이 상승하는 경우 우리나라에 투자할 때 수익률이 높아지기 때문에 자본유입이 일어나 외환 공급이 증가하여 환율이 하락한다. 고정환율제도에서는 정부가 환율을 일정하게 유지시켜야 하기 때문에 환률 변동을 고정시킬 수 있을 만큼의 외환준비금이 필요하다.

정답 ①

072 최근 국제적 상호의존성이 심해지면서 환율 변동이 한국 경제에 큰 영향을 미치고 있다. 다음 중 달러 대비 원화 값 하락을 유발하는 요인으로 짝지어진 것은?

> 가. 국제금융위기로 인한 안전자산에 대한 선호 증가
>
> 나. 한국 주식을 편입한 펀드에 대한 외국인의 환매수요 증가
>
> 다. 수출의 호조로 인한 무역수지 흑자 폭 확대
>
> 라. 출구전략의 일환으로 기준금리의 상향 조정

① 가, 나　　② 가, 다
③ 나, 다　　④ 나, 라
⑤ 다, 라

해설

외환시장에서는 달러에 대한 수요와 공급에 따라 미국 달러 대비 원화 값이 결정된다. 금융위기로 인해 안전자산에 대한 선호가 증가할 경우 국제거래에서 상대적으로 안전한 자산으로 간주되는 달러화에 대한 수요가 증가한다.

외국인의 펀드 환매요구는 한국 주식을 매도해 달러로 환전하려는 수요를 증가시킨다. 이러한 경우 원화 값이 하락하게 된다. 무역수지 흑자가 증가할 경우 외환시장에 달러의 공급이 증가해 상대적으로 원화 값이 상승(환율 하락)하게 된다. 기준금리의 인상으로 인한 국내 이자율의 상승 또한 원화 값을 상승시켜 환율 변동을 가져온다.

정답 ①

073 최근 엔·달러 환율이 달러당 85엔을 위협하면서 일본 통화당국이 정책금리를 내릴 것이라는 전망까지 나오고 있다. 금리와 환율 관계에 대한 다음 설명 중 맞는 것을 모두 고르시오.

가. 금리 인하는 국내 자본 유출을 초래해 자국통화 가치를 떨어뜨릴 수 있다.
나. 외국 자본이 국내에 유입되면 자국통화 가치 상승과 함께 국내 금리를 인상시킬 수 있다.
다. 일반적으로 자본 이동에 대한 제약 때문에 자국과 외국 간 금리 차이는 환율의 기대변화율과 다르다.
라. 국가 간 자본 이동에 제약이 없다면 자국과 외국 간 금리 차이는 환율의 기대변화율과 일치한다는 것이 이자율 평가식이다.

① 가, 나 ② 가, 다 ③ 가, 나, 다 ④ 가, 다, 라 ⑤ 가, 나, 다, 라

해설

이자율 평가식은 국가 간 자본 이동에 제약이 없을 때 외국과 자국에 대한 투자수익률이 일치된다는 것으로 자국과 외국 간 금리 차이는 환율의 기대변화율과 같다. 그러나 현실적으로 자본 이동에 대한 제약, 즉 거래비용이 발생하므로 자국과 외국 간 금리 차이는 환율의 기대변화율과 괴리를 나타내고 있다. 또한 외국 자본 유입은 외환시장에서 자국 통화 수요를 증가시켜 자국통화 가치를 상승시키고, 동시에 국내 자금 공급 증가로 국내 금리를 떨어뜨릴 수 있다. 이와 유사하게 자국 금리 하락은 국내 자본 유출로 인한 외국 통화의 수요 증가로 자국 통화 가치를 떨어뜨릴 수 있다.

정답 ④

074 환율에 대한 다음 설명 중에서 옳지 않은 것을 모두 고르면? 단, 환율은 달러당 원화 비율임.

a. 물가가 상승하면 명목환율은 하락, 이자율이 상승하면 명목환율은 상승한다.
b. 명목환율이 상승하면 국내에서 생산된 재화의 달러 표시 상대가격이 상승하여 수출이 감소하게 된다.
c. 환율은 자국화폐와 외국화폐의 교환비율인 명목환율과 두 나라의 물가를 감안하여 조정한 실질환율이 있다.
d. 구매력평가설에 따르면 일물일가의 법칙이 국제시장에서도 적용되기 때문에 한 나라의 화폐가 어느 나라에서도 동일한 구매력을 가지는 수준에서 환율이 결정된다.
e. 이자율평가설에 따르면 자본 이동이 완전히 자유로운 경우에 차익거래에 의한 외환수요 변화에 따라 환율은 국내투자수익률과 해외투자수익률을 동일하게 만드는 수준에서 결정된다.

① a, b
② b, d
③ b, e
④ c, d
⑤ b, d, e

해설

환율은 국가 간의 화폐교환비율을 나타내는 명목환율과 명목환율에 두 나라의 물가수준을 감안하여 계산되는 실질환율로 나눌 수 있다. 명목환율의 상승은 국내생산 재화의 달러 표시 상대가격을 낮추기 때문에 수출을 증가시키는 역할을 하게 된다.

구매력평가설은 일물일가의 법칙을 국제시장에 적용한 이론으로 물가가 신축적인 장기에 환율을 잘 설명해 주는 이론이다. 화폐의 구매력은 물가와 반비례하기 때문에 물가가 상승하면 화폐의 구매력이 떨어져 명목환율은 상승(원화가치의 하락)한다.

이자율평가설은 자본수지의 관점에서 환율을 설명하는 이론으로 환율은 무차익거래조건을 만족하는 수준에서 결정된다. 자국 이자율이 상승하면 수익률이 동일해질 때까지 금리 차익거래를 위해 원화 수요가 증가하기 때문에 명목환율은 하락(원화가치의 상승)하게 된다.

정답 ①

075 국제적 자본 이동에 관한 다음 설명 중에서 옳은 것을 모두 고르면?

가. 대부시장이 균형을 이루면, 국민저축은 국내투자와 순자본유입(net capital inflow)의 합과 같다.
나. 명목환율이 외환시장에서 자유롭게 결정된다면, 순수출이 증가함에 따라 순자본유출은 감소한다.
다. 국민저축에 변화가 없는 상황에서 국내투자가 감소하였다면, 순해외투자는 증가해야 한다.
라. 수입과 자본유출의 합은 수출과 자본유입의 합과 일치한다.

① 라　② 가, 나　③ 나, 라
④ 다, 라　⑤ 가, 나, 다

해설

대부시장에서 자금의 공급은 국민저축과 외국으로부터의 순자본유입이며 자금의 수요는 국내투자다. 균형에서는 국민저축과 순자본유입의 합이 국내투자와 일치하게 된다. 외환당국의 개입이 없다면 순수출의 증가는 순자본유출의 증가와 일치하게 된다. 순해외투자는 순자본유출을 의미하므로 국내투자가 감소하였을 때 국민저축에 변화가 없다면 순해외투자는 증가할 것이다. 수입과 자본유출은 달러에 대한 수요를 의미하고 수출과 자본유입은 달러에 대한 공급을 의미하므로 외환시장의 균형에서는 수요와 공급이 일치한다.

정답 ④

076 A국과 B국에서 각 재화 1단위 생산에 필요한 투입 노동량이 다음과 같다고 가정하자. 양국의 교역에 대한 다음 설명 중 옳지 못한 것끼리 짝지어진 것은?

재화	A국	B국
쌀	8	10
자동차	4	25

a. A국은 쌀 생산과 자동차 생산 모두에 있어서 절대우위가 있다.
b. A국은 자동차 생산 B국은 쌀 생산에 비교우위가 있다.
c. B국이 자동차 한 단위 생산할 때 기회비용은 0.4다.
d. A국과 B국은 무역을 통해 모두 이득을 보게 된다.
e. 쌀로 표시한 두 상품의 교역조건은 2.5다.

① a, b ② a, c ③ c, e ④ d, e ⑤ c, d

해설

A국은 B국에 비해 쌀과 자동차 생산에 필요한 노동량이 낮기 때문에 두 재화 모두에 있어서 절대우위가 있다. A국은 쌀을 1단위 생산하기 위해서 2, 자동차 1단위 생산에 0.5의 기회비용이 든다. 마찬가지로 B국은 쌀과 자동차 1단위 생산에 각각 0.4와 2.5의 기회비용이 발생한다. 따라서 A국과 B국은 각각 자동차 생산과 쌀 생산에 비교우위가 있다. A국과 B국은 각각 저렴한 기회비용으로 비교우위 상품을 생산해 수출하고 비교열위 상품을 수입함으로써 모두 이득을 보게 된다. 자유무역이 이뤄질 때 교역조건은 양국의 국내 가격비 사이에서 결정되며 쌀 생산의 기회비용이 국내 가격비를 나타내 교역조건은 0.4~2에서 결정된다.

정답 ③

077 최근 G20 정상회의를 앞두고, 국제사회에서 환율 논쟁이 격해지고 있다. 환율과 관련된 설명으로 적절하지 않은 것끼리 짝지어진 것은?

㉠ 중국이 국제사회의 위안화 절상 요구를 수용한다면 한국은 단기적으로 수출에 큰 타격을 입을 수 있다.
㉡ 최근 신흥국들이 미국에 비해 고성장을 누리면서 글로벌 유동성 자금이 유입돼 자국 화폐가 평가절상되고 있다.
㉢ GDP 대비 교역비중이 80%를 넘는 한국은 국제사회의 환율 갈등이 해결되지 않고 보호무역주의가 확산되면 경제 성장이 큰 타격을 받을 가능성이 있다.
㉣ 미국은 금융위기 이후 더욱 심화된 경상수지 적자를 해결하고자 중국에 대해 위안화 평가절상을 강력히 요구하였으나 중국은 현재까지 '달러 페그제도'를 고수하고 있다.
㉤ 미국과 EU가 통화량을 늘리면 일시적으로 중국 위안화 평가절상 효과를 거둘 수 있다. 그러나 중국이 이에 맞대응해서 위안화 통화량을 증가시키면 전 세계적인 하이퍼인플레이션이 발생할 수 있다.

① ㉠, ㉡
② ㉡, ㉢
③ ㉢, ㉣
④ ㉠, ㉣
⑤ ㉡, ㉤

해설

국제사회에서 이슈가 되고 있는 환율 논쟁은 자국의 상대적 화폐가치에 따른 무역 불균형에 기인한다. 한국과 같이 GDP 대비 교역비중이 높은 국가는 보호무역이 확산되거나 자유무역질서가 손상되면 경제 성장이 더 큰 타격을 입게 된다. 미국과 유럽에 비해 상대적인 고성장을 하는 신흥국들은 글로벌 자금 유입으로 자국 화폐가치가 상승하고 있다.

미국과 EU 통화량 증대는 중국 위안화 평가절상 효과를 가져올 수 있다. 그러나 만일 중국이 위안화 통화량을 동시에 증가시키면 위안화 평가절상 효과는 상쇄되고 전 세계적인 하이퍼인플레이션이 발생할 가능성이 있다. 중국은 세계 금융위기 직후 미국 달러화에 중국 위안화 시세를 연동시키는 달러 페그제도를 도입했다. 그러나 중국은 2010년 6월 21일 달러 페그제를 철회하고 종전의 복수통화 바스켓 제도에 의한 관리변동제도로 환원했다. 중국이 미국의 위안화 평가절상 요구를 수락한다면 한국은 단기적으로는 수출경쟁력을 확보할 수 있다.

정답 ④

078 환율이 상승(원화가치는 하락)해도 단기적으로 수출은 늘지 않고, 수입은 늘어나면서 무역수지가 악화되다 중장기적으로 개선되는 것을 'J커브 효과'라고 한다. 다음 'J커브 효과'에 대한 설명 중 가장 잘못된 것은?

① 원화가 달러당 1,000원에서 1,100원이 되면 해외상품 수입단가는 올라간다.

② 원화가 달러당 1,000원에서 1,100원이 되면 한국 상품 수출경쟁력은 올라간다.

③ 원화가치가 하락하는 추세에 있다면 한국 수출기업은 당장 수출물량을 더 늘리려고 할 것이다.

④ 일본 엔화에 대한 원화가치가 하락하면 가격측면만 볼 때 대일 수출은 늘고 대일 수입은 줄어야 한다.

⑤ 일본 엔화에 대한 원화가치가 하락해도 중간 부품이나 자본재의 대일 의존도가 높아 대일 수입은 줄지 않는다.

해설

원화가치가 하락하는 추세라면 수출기업으로서는 수출을 서두를 필요가 없다. 달러당 원화 환율이 1,000원에서 1,050원으로 갈 때 수출해서 수출대금(1달러당 1,050원)을 받는 것보다 1,100원으로 갈 때까지 기다려서 수출대금을 받는 것이 유리하기 때문이다.

정답 ③

079 구매력평가설은 일물일가 법칙을 국제 거래에 적용하여 환율결정이론의 기초가 되고 있다. 이에 대한 다음 설명 중 옳지 않은 것은?

① 구매력평가설이 성립한다면 실질환율은 1이다.
② 일물일가 법칙이 국제적으로 성립하지 않는 이유 중 하나는 비교역재의 존재다.
③ 구매력평가설에 따르면 일정한 금액의 통화(예를 들면 1달러)는 각 나라에서 동일한 구매력을 갖는다.
④ 구매력평가설이 성립한다면, 외국 물가상승률에 비하여 국내 물가상승률이 더 높을 때 국내 통화의 평가절상이 예상된다.
⑤ 빅맥지수란 각 나라 빅맥 햄버거를 달러로 환산한 가격을 비교한 것이며 일물일가 법칙이 성립한다면 모든 나라에서 동일하여야 한다.

해설

일물일가 법칙은 거래비용이 없다면 동일한 상품의 가격이 어디에서나 동일해야 한다는 것이다. 만약 가격에 차이가 있다면 차익을 추구하는 재정거래가 발생하게 되어 균형에서는 같아짐을 의미한다. 일물일가 법칙이 성립한다면 모든 나라에서 빅맥 햄버거 가격은 동일해야 하며 이것은 1달러가 모든 나라에서 동일한 구매력을 갖는다는 말과 같다. 이때 실질환율은 1이다. 거래비용, 비교역재가 존재할 때 구매력평가설이 성립하지 않을 수 있으며, 구매력평가설이 성립한다면 인플레이션이 높은 나라의 화폐가치가 하락하는 방향으로 환율이 변화하여야 함을 의미한다.

정답 ④

080 한·유럽연합(EU) 자유무역협정(FTA)이 발효된 지 한 달 정도 지났다. 다음 중 관세를 인하한 자동차시장의 변화에 대해 서술한 내용 중 옳지 않은 것은?

> ㉠ 수입차의 수입량이 증가한다.
> ㉡ 국내 소비자의 소비자 잉여는 증가한다.
> ㉢ 국내 자동차 생산자 잉여는 변화가 없다.
> ㉣ 사회의 총잉여는 증가할지 감소할지 알 수 없다.
> ㉤ 자동차 수입으로 발생하는 정부의 관세수입은 일반적으로 감소한다.

① ㉠, ㉤　② ㉡, ㉢　③ ㉠, ㉣　④ ㉡, ㉤　⑤ ㉢, ㉣

해설

관세율이 하락하게 되면 소비자는 더 낮은 가격으로 자동차를 구매할 수 있으므로 소비자 잉여가 증가한다. 반면 국내 자동차 생산업자의 경우에는 가격 하락과 판매량 감소가 따를 가능성이 크므로 생산자 잉여가 감소한다.

정부의 관세수입은 수입량이 크게 늘어나면 증가할 수도 있으나 일반적으로는 감소한다. 사회 총잉여는 관세 부과 시 존재했던 국내 자동차 생산업자의 과잉생산에 의한 손실이 사라지고, 국내 소비자의 과소 소비에 의한 손실이 사라지기 때문에 증가한다. 즉 관세 부과로 인해 발생했던 사중손실(deadweight loss)이 사라지기 때문에 총잉여는 증가한다.

정답 ⑤

081 최근 아시아지역의 경기 회복과 달러가치 하락으로 국제유가가 지속적으로 상승하고 있다. 이로 인한 경제적 파급 효과에 대한 설명으로 맞는 것을 모두 고르면?

> ㉠ 비산유국의 경우 국제유가 상승은 총수요곡선을 위로 이동시켜 물가 및 GDP 모두 증가한다.
> ㉡ 비산유국의 경우 국제유가 상승은 총공급곡선을 위로 이동시켜 물가는 상승하나 GDP는 감소한다.
> ㉢ 비산유국의 경우 국제유가 상승은 스태그플레이션을 야기할 수 있다.
> ㉣ 국제유가 상승이 주요국의 경기 침체를 가져올 경우 우리나라 수출이 감소할 수 있다.

① ㉠ ② ㉠, ㉡ ③ ㉠, ㉡, ㉢
④ ㉡, ㉢, ㉣ ⑤ ㉠, ㉡, ㉢, ㉣

해설

일반적으로 비산유국의 경우 국제유가 상승은 총수요-총공급 모형에서 생산요소비용의 증가로 총공급곡선을 위로 이동시켜 물가를 상승시키며 GDP를 감소시켜 경기 침체와 물가 상승을 동시에 유발하는 스태그플레이션을 발생시킨다. 또한 비산유국의 경우 총수요의 변동이 없으므로 총수요곡선은 이동하지 않는다. 국제유가 상승에 의한 경기 침체 요인은 해당국의 수입 능력을 감소시키므로 우리나라 수출이 둔화될 수 있다.

정답 ④

경영

Part 2

082 기업은 규모가 확대되면 제품단가가 감소하면서 가격적인 측면에서 경쟁력을 갖게 된다. 이를 규모의 경제라고 하는데 자동차나 통신, 제약 산업이 규모의 경제를 누리는 대표적인 산업이다. 규모의 경제를 발생시키는 근원으로 가장 거리가 먼 것은?

① 판매를 위한 기업의 명성효과
② 생산 증가에 따른 원재료 투입효과
③ R&D투자, 설비투자 등 기술의 경제성
④ 공장 컨베이어 벨트를 통한 노동의 경제성
⑤ 구매력 증가에 따른 교섭력 강화와 자본비용 절감

해설

규모의 경제는 각종 생산요소의 투입량을 증가시킴으로써 이익이 증가되는 현상을 말한다. 대량생산에 의하여 1단위당 비용을 줄이고 이익을 늘리는 방법이 일반적인 사례인데, 이는 생산 증가에 따라 기 투입된 고정비의 분산효과로 이해할 수 있다. 최근에는 설비 증강, 기술 발전에 따른 시간의 단축으로 생산비를 낮추는 데 주안점을 두고 있다.

규모의 경제가 발생하는 근원은 다양하다. 가장 기본적으로 공장의 컨베이어 벨트 등을 통한 노동의 경제성을 들 수 있다. 기업의 명성과 브랜드를 이용하여 적은 비용으로 효율적인 판매도 가능하다. 또 기업의 규모가 클수록 구매력 등이 커짐으로써 교섭력과 자본비용에서 유리한 고지를 점할 수 있다.

그러나 원재료 투입은 생산량에 따라 증가하므로 생산량이 늘수록 재료비도 동시에 같은 규모로 증가한다. 규모의 경제는 원재료와 같은 변동비가 아니라 설비투자와 같은 고정비가 생산량이 증가함에 따라 절감되는 효과다.

정답 ②

083 한가람공업사는 3년 전부터 미국 자동차업체에 자동차부품을 납품하고 있다. 미국 구매회사는 지난 3년간 양호한 거래실적을 바탕으로 보다 긴밀한 동반자 관계가 되기를 바란다면서 한가람공업사에 자신들이 추진하는 전사적 품질관리(total quality management) 프로그램에 동참해 달라는 의사를 전달해 왔다. 다음 중 전사적 품질관리 프로그램을 규정하는 가장 핵심적인 사항은 무엇인가?

① 조직구성원의 만족도
② 조직구성원의 자부심
③ 지속적인 개선
④ 비전 있는 리더십
⑤ 조직구성원에 대한 동기 부여

해설

전사적 품질관리(total quality management) 운동은 일본 전자회사와 자동차회사들의 월등한 품질에 자극받은 미국 회사들이 1980년대에 시작했다. 그 출발은 제품 생산 과정에 초점을 맞춘 것이었으나 시간이 지나면서 비단 제품 생산만이 아니라 고객 기대에 미치지 못하는 모든 비즈니스 프로세스에 대한 개선운동으로 범위가 넓어졌고, 오늘날에도 글로벌 기업의 조직운영에서 빼놓을 수 없는 중요한 위치를 차지하고 있다.

각 산업 분야와 기업 상황에 따라 다양한 전사적 품질관리 프로그램운동이 있으나, '조직구성원이 주도하는(employee-driven), 고객을 위한(customer-centered), 지속적인 개선을 위한 노력(continuous improvement)'이라는 핵심적인 요소들을 공유하고 있다.

정답 ③

084 시그마, 무결점(zero defects)운동 등 품질에 대한 기업들의 관심이 높아지고 있다. 이러한 품질경영에 대표적인 사례로 전사적 품질관리(total quality management)운동을 들 수 있는데, 다음 중 이 운동을 성공적으로 이행할 원칙은?

① 팀워크와 권한 위임을 강화한다.
② 불량률 0% 달성을 위해 노력한다.
③ 모든 제조 과정에서 두 번씩 점검한다.
④ 품질검사에 따로 인력을 두지 않는다.
⑤ 품질에 있어서는 기술이 핵심이 되어야 한다.

해설

전사적 품질관리운동은 6시그마, 무결점, 품질관리 프로그램 등 다양한 방법론으로 발전했다. 이 운동의 핵심 성공 원칙은 다음의 네 가지로 요약할 수 있다.

첫째, 처음부터 제대로 잘해서 추가적인 비용이 드는 재작업이나 제품 리콜을 사전에 제거한다. 둘째, 고객과 조직구성원들에게서 듣고 배우도록 한다. 셋째, 지속적인 개선 노력이 일상적인 업무가 되도록 한다. 넷째, 팀워크, 신뢰, 상호존중을 쌓도록 한다.

이 네 가지 원칙에서 볼 수 있듯이 이 운동의 결정적인 요소는 기술보다는 사람이다.

정답 ①

085 급변하는 경영환경으로 인해 성공적인 변화관리(change management)는 기업 생존을 위한 필수요건이 되었다. 수많은 기업의 변화관리 성공·실패 사례에 비추어볼 때 변화관리에서 가장 어려운 부분으로 평가되는 것은?

① 제시된 해결책의 실행
② 실행한 해결책의 성패에 대한 평가
③ 당면 문제에 대한 정확한 원인 파악
④ 문제 해결을 위한 적절한 대응방안 개발
⑤ 조직구성원의 변화 필요성에 대한 인식과 참여

해설

변화관리는 당면 문제에 대한 진단, 해결책 개발·실행, 그 성과에 대한 분석과 후속조치에 이르기까지 어느 하나 쉬운 과정은 실제로 없다. 그 이유는 많은 구성원들이 유기적으로 엮여서 돌아가는 조직에서의 변화란 어떤 형태로든 많은 사람들이 현재 편안하게 반복하고 있는 프로세스에 변화를 초래하고, 이것은 많은 사람들에게 스트레스를 유발하기 때문이다. 변화관리에 실패하는 조직들을 보면, 이와 같은 변화에 대한 부담감이나 두려움으로 조직구성원들이 변화의 필요성을 무시하거나 조직의 변화 노력에 소극적으로 또는 적극적으로 저항함으로써 조직의 변화관리 노력이 제대로 결실을 맺지 못한 경우가 대부분이다.

정답 ⑤

086 다음 사례를 지식경영 측면에서 언급한 것 가운데 가장 적절하지 않은 것은?

> 가전업체인 A사는 가정에서 신선한 재료로 직접 양념을 만들 수 있는 전자식 양념제조기를 개발했으나, 좀처럼 맛이 나지 않는다는 이유로 소비자들로부터 외면당했다. 고심 끝에 B 대리를 전국적으로 유명한 전주의 한 식당에 파견하여 주인 할머니의 양념제소 비법을 배워오도록 했다. B 대리는 할머니가 양념 재료를 섞을 때 사용하는 독특한 손놀림을 눈여겨보고 이를 적은 양념제조 매뉴얼을 문서로 작성했다. 개발팀은 이를 바탕으로 새로운 양념제조기를 출시했고, 선풍적인 인기를 얻었다.

① B 대리는 A사의 지식수준을 증대시켰다.
② 전주 할머니의 양념조리 비법은 암묵적 지식이다.
③ B 대리가 문서로 작성한 양념제조 매뉴얼은 형식적 지식이다.
④ 전주 할머니의 비법은 언어를 사용하지 않고도 전수받을 수 있다.
⑤ B 대리의 도움을 받은 A사의 제품개발팀이 새롭게 만든 지식은 없다.

해설

개인은 물론 조직 수준에서도 '학습'이 중요해지면서 1990년대 이후 '지식경영' 이론이 급속히 발전했다. 지식의 두 가지 유형 가운데 형식적 지식(예: 양념제조 매뉴얼)은 문장, 공식, 컴퓨터 프로그램 등으로 표현 가능한 명시적 지식이다. 반면 암묵적 지식(예: 양념제조 비법)은 주관적 지식으로 숙달된 개인이나 축적된 조직 문화 등에 내재되어 있다. 형식적 지식은 암묵적 지식에 비해 공유하기 수월해 지식의 확산을 촉진한다. 암묵적 지식은 관찰, 모방, 반복연습 등을 통해 익힐 수 있다. A사의 개발팀은 기존에 보유하고 있던 주방용 가전제품 설계기술을 양념제조 매뉴얼과 결합하여 새로운 지식을 창조한 것이다. 신제품의 설계명세서는 또 하나의 형식적 지식이 된다.

정답 ⑤

Keyword

지식경영이론

지식경영이론의 창시자는 일본 히토쓰바시 대학 명예교수인 노나카 이쿠지 교수다. 노나카 교수는 지식창조가 기업의 경쟁력을 판가름하는 결정적 요소라고 생각했다. 즉, 조직의 지적 능력과 이를 통해 창조되는 지식, 즉 지력(知力, intellectualizing capability)이 기업의 운명을 좌우할 핵심 요소이며 지력은 조직구조와 비즈니스 프로세스를 바꾸는 전면적인 지력혁신을 통해 도출된다고 주장했다.

087 모바일게임을 개발하는 벤처기업의 A 사장은 회사의 성과관리 시스템에 대한 직원들의 불만이 더 이상 방치할 수 없는 상황임을 깨닫고, 이에 대한 조치를 취하기로 했다. 현재의 성과관리 시스템이 가진 문제점을 진단하기 위해서 A 사장이 반드시 고려해야 할 사항에 해당되지 않는 것은?

① 보상 수준의 적절성
② 성과 평가 방식의 객관성과 공정성
③ 성과 목표 설정 시 직원들의 의견 반영
④ 다른 산업 분야의 성과관리시스템 분석
⑤ 회사의 전략과 성과관리시스템의 연관성

해설

성과관리시스템은 회사의 전략을 구현하기 위해 조직구성원들이 구체적으로 무엇을 해야 하는지를 인도하는 역할을 한다. 직원들 의견을 반영해서 적절한 성과 목표를 세우고, 그 목표를 달성했는지를 객관적이고 공정하게 평가해서 직원들에게 충분한 동기 부여가 될 수 있는 적절한 수준의 보상을 주는 것이 성과관리시스템의 핵심 요소다. 각 산업 특성에 따라 성과관리시스템은 많은 차이가 있다.

정답 ④

088 크게 실패한 집단 의사결정을 분석해보면, 의사결정과정이 집단사고(groupthink)로 흘렀기 때문인 사례가 많다. 다음 중 집단사고의 증상과 가장 거리가 먼 것은?

① 낮은 집단 응집력
② 극단적인 낙관주의
③ 부정적인 정보의 차단
④ 경쟁자들에 대한 평가절하
⑤ 무조건적인 동의에 대한 압력

해설

어빙 재니스가 명명한 집단사고는, 집단 구성원들이 과도하게 만장일치를 추구하는 과정에서 부정적인 정보는 사전에 차단하여 대안에 대한 냉정한 평가를 무시하고, 경쟁자들에 대한 평가절하와 극단적인 낙관주의로 흐름으로써 결과적으로 잘못된 의사결정에 이르는 과정을 지칭한다. 집단 구성원들 간 응집력이 높을수록 집단에 의한 동조압력이 높아서 집단사고를 유발할 가능성이 더 높다.

정답 ①

089 최근 많은 기업들이 디자인의 중요성을 인식하면서 디자인 경영에 대한 관심이 높아지고 있다. 미국에서는 애플 사가, 우리나라는 기아자동차와 현대카드가 디자인 경영의 대표적인 사례로 꼽히고 있다. 다음 중 디자인 경영에 대한 설명으로 가장 거리가 먼 것은?

① 경영에 디자인적 사고를 도입하자는 것이다.
② 창조성 혹은 창조 경영과도 밀접한 관련이 있다.
③ 전문경영인들은 디자인에 대한 스스로의 안목을 믿어야 한다.
④ 조직의 구성원들이 디자인에 대한 이해를 높이는 것도 필요하다.
⑤ 제품 기획 개발의 초기부터 디자인 전문가의 의견이 반영돼야 한다.

해설

디자인 경영은 디자인이 기업의 장기적인 목표 달성에 유용한 수단임을 널리 인식하고, 기업의 목표 달성을 위해 기업활동의 모든 단계에서 디자인 자원을 통합하며, 디자인을 하나의 공식적인 기업활동으로서 실행하는 것을 의미한다.

디자인 경영은 다양하게 정의될 수 있다. 이는 기본적으로 '디자인'과 '경영'이라는 이질적으로 보이는 개념이 결합한 데에서 기인하기도 한다. 디자인 경영은 디자인적 사고를 조직 내에 도입하여 의사결정 과정에서 디자인적 사고가 역할을 할 수 있도록 하자는 것이다.

또 전문경영인이 그들 자신의 디자인적 안목을 과신하거나 디자인에 관련하여 독단적으로 최종 결정을 내리는 것은 바람직하지 않을 수 있다. 물론 전문경영인의 안목이 높아 제품 디자인을 모두 혼자서 결정할 수도 있지만, 이보다는 다양한 구성원과 전문가들 의견과 시각을 반영하는 것이 더욱 효과적일 것이다. 우리나라의 일부 대기업들이 반성해 볼 대목이다.

정답 ③

090 최근 삼성그룹이 컨트롤 타워를 부활시킨 것을 계기로 총괄경영본부(headquarters)에 대한 관심이 다시 커지고 있다. 총괄경영본부가 소속 기업그룹의 성과에 긍정적으로 기여할 수 있는 역할에 대한 설명으로 가장 적절하지 않은 것은?

① 인재 풀을 구축하여 인력을 각 계열사 적재적소에 재배치
② 변화하는 환경에 발맞춰 전체 사업 포트폴리오를 새조정
③ 각 계열사가 보유한 자원을 결합하여 신규사업 개발 또는 외국시장 개척 프로젝트 주도
④ 우량한 계열사로 하여금 부실한 계열사를 지원하도록 유도
⑤ 연구개발, 브랜드 관리, 임직원 교육, 법률 자문 등 다수 계열사에 공통적으로 필요한 서비스를 통합 제공

해설

기업그룹은 통상적으로 서로 상이한 사업을 영위하는 계열사들로 이뤄지며, 따라서 일반적으로 규모가 크고 복잡성이 높다. 이에 따라 전체 그룹 조직을 총괄하는 별도 조직을 두고 컨트롤 타워 기능을 수행하도록 하는 사례가 많다.

기업그룹에서 총괄경영본부에 기대하는 긍정적인 기능은 해당 기업그룹이 추구하는 전략적 방향성, 각 계열사 자원과 능력, 경영 환경 변화 등에 따라 상이하게 나타날 수 있다.

하지만 때로는 전체 기업그룹이나 개별 계열사의 경제적·사회적 성과와 무관하게 그룹 외형을 유지 또는 확장하거나 총수 지배력을 강화하기 위해 특정 계열사 자원을 남용하여 기업가치를 저해할 소지도 없지 않다.

계열사별 이사회 독립성 제고를 통한 부당내부거래 감시 장치 강화와 같은 기업집단 지배구조 개선 노력은 그와 같은 부작용에 대한 사회적 염려를 완화시키기 위한 방안 가운데 하나라 할 수 있다.

정답 ④

091 경제종합지 〈포춘〉은 스티브 잡스가 이끄는 애플을 세계에서 가장 혁신적인 회사로 뽑았다. 애플을 이처럼 혁신적인 회사로 만든 스티브 잡스의 경영원칙에 해당하지 않는 것은?

① 끊임없는 실험정신
② 제품의 모든 측면에서 완벽을 추구
③ 철저하게 소비자들의 의견에 기반한 신제품 개발
④ 최고 역량을 가진 직원들이 주도하는 엘리트주의
⑤ 위대한 제품을 만듦으로써 우주에 족적을 남기겠다는 열정

해설

스티브 잡스는 기능과 디자인을 포함해서 제품의 모든 것이 완벽해야만 한다고 믿는 완벽주의자로 잘 알려져 있다. 그는 이처럼 완벽한 제품을 만들어내기 위해서, 각 분야에서 최고 역량을 가진 소수 사람들로 이루어진 팀을 중심으로 일하는 것을 선호한다.

대부분 회사들이 소비자들의 의견에 기반을 두고 신제품을 개발하는 market-driven 방식을 따르는 반면, 스티브 잡스는 소비자들이 좋아할 것이라는 스스로의 확고한 신념에 따라 신제품을 개발하는 market-driving 방식을 신봉한다. 기술 자체가 엄청나게 빠른 속도로 발전하는 상황에서, 과연 무엇이 가능한지를 소비자가 제대로 알 수도 없을 뿐만 아니라, 실제로 만들어진 제품을 직접 사용해 보기 전에 자신이 그 물건을 좋아할지 안 좋아할지 어떻게 알 수 있겠느냐는 논리다. 그래서 혹자는 스티브 잡스를 애플의 원맨 포커스그룹(one-man focus group)이라고도 부른다.

③ 정답

092 스마트폰 등 다양한 IT 기기가 확산되면서 핵심 부품인 반도체에 대한 중요성이 더욱 높아지고 있다. 다음 설명 중 (가)와 (나)에 들어갈 올바른 용어는?

> 반도체 생산 설비 없이 설계만 전문으로 하는 기업은 (가)라고 부른다. (가)에서 주문을 받아 반도체 제조만을 전문으로 하는 기업은 (나)라고 한다.

	(가)	(나)
①	파운드리	에이식
②	에이식	파운드리
③	팹리스	파운드리
④	팹리스	에이식
⑤	파운드리	팹리스

해설

팹리스(fabless)는 설계만 하고 자신은 반도체 생산 설비를 갖지 않은 회사다. 파운드리(foundry)는 반도체 칩 제조를 전문으로 하는 기업으로 팹리스에서 주문과 설계 데이터를 받고, 그 설계에 따라서 반도체 칩을 제조한다.

정답 ③

093 프로젝트의 사업성을 보고 돈을 대주는 것을 PF(프로젝트 파이낸싱, project financing)라고 한다. 다음 중 PF에 대한 설명으로 옳지 않은 것은?

① 보통 특수목적법인(SPC)을 설립해 프로젝트를 추진한다.
② 대개 대출기간은 비교적 단기이며, 금리는 낮다.
③ 사업에 차질이 생기면 사업자와 금융회사가 동반 부실해질 수 있다.
④ 대형 사업은 대출이 아닌 투자 개념의 공모형 PF 형태를 보인다.
⑤ 프로젝트파이낸싱 자체보다 금융회사가 담보를 요구하는 '한국형 PF'가 문제가 되고 있다.

해설

금융회사는 일반적으로 담보와 신용을 근거로 대출을 해주지만 PF(project financing)는 프로젝트의 가능성을 보고 사업 자금을 지원한다. PF의 직접적 주체가 되는 특수목적법인(SPC)을 설립하고 금융회사들은 모기업이 아닌 SPC에 대출해 자금을 지원한다.

PF는 많은 리스크를 가지고 있다. 공사 완공 리스크, 시장(판매) 리스크, 프로젝트 운영 리스크 등의 위험을 안고 있다. 사업에 차질이 생겼을 때 프로젝트 회사는 사업가로서 신용을 떨어뜨리게 되고, 대주단과 출자자는 대출금과 출자금을 회수할 수 없게 된다. 그런 위험을 줄이기 위해 프로젝트 회사와 대주단, 시공사는 끊임없이 공사 진척도와 현금 흐름, 시장 전망 등을 고쳐나가면서 위험을 관리하는데, 이를 리스케줄링이라고 한다.

PF 대출은 비교적 장기간에 걸쳐 자금 대출이 이뤄진다. 대출기간이 만료되면 대부분 대출 연장을 하기 때문에 대출기간을 비교적 장기라고 볼 수 있다. 하지만 부실화가 초래된 이후 금융회사는 대출 연장에 대한 담보를 설정하는 등 신중한 자세를 보이게 된다.

PF 리스크를 줄이기 위한 대안으로 나온 것이 시행사가 PF 대출을 받고 시공사가 보증을 해주는 변형 PF다. 대출을 해주는 은행으로서는 보증이 있기 때문에 이 같은 변형 PF를 선호할 수밖에 없다. 그러나 이는 결과적으로 부동산 거품과 부실을 부추기는 부작용을 가져 왔다.

PF 본질은 '사업의 가능성'만을 따져 보고 돈을 대주는 위험 선호적 투자의 일종인 셈이다. 최근 논란이 되는 PF 부실화는 위험성과 사업성을 평가하고 책임져야 할 금융회사들이 위험을 건설사와 시행사에 미뤘기 때문에 발생했다고 볼 수도 있다.

정답 ②

094 은행이나 보험회사 등이 특화상품을 판매하는 '전문점'이라면 IB(투자은행)는 돈을 벌기 위한 모든 업무를 하는 '투자백화점'이라고 볼 수 있다. 다음 중 IB에 대한 설명으로 옳지 않은 것은?

① 기업의 인수·합병(M&A) 등의 거래를 중개한다.
② 자금 수요자와 투자자를 연결해주는 역할을 한다.
③ 상업은행에 비해 주로 '고위험·고수익' 상품을 판매한다.
④ 최근 헤지펀드를 위한 '프라임 브로커'의 도입이 검토되고 있다.
⑤ 소액투자자는 예금자보호법에 따라 일정 금액까지 보호를 받는다.

해설

금융위원회가 펴낸 금융사전을 보면 'IB란 유가증권을 발행해 장기자금을 조달하려는 자금수요자(주로 기업)와 자금공급자인 투자자를 연결해 주는, 소위 중개 기능을 주 업무로 하는 증권인수업자(underwriting house)를 말한다'고 되어 있다. 업무영역이 다양하고 점점 진화하다 보니 요즘에는 '돈을 벌기 위한 모든 업무를 한다'고 정의하는 전문가들도 많다.

은행은 상대적으로 낮은 금리로 고객 예금을 받아 좀 더 비싼 금리에 대출해 주는 게 주 업무이며 이러한 금리의 차이를 통한 수익이 80~90%를 차지하지만, IB는 이보다 하는 일이 다양하다.

우리나라에서는 증권사의 기업금융·자기자본 투자 파트를 주축으로 하면서 은행·보험사의 비슷한 부서들까지 합쳐놓은 것과 비슷하다고 보면 된다.

은행이 도산하면 예금자보호법에 따라 일정 한도 안에서 고객 돈을 예금보험공사 등 정부가 메워주지만 IB가 취급하는 유가증권의 경우 원칙적으로 예금보장이 안 된다. 단순하게 말해서 은행은 '저위험·저수익' 예금을, IB는 '고위험·고수익' 유가증권을 파는 곳이라고 보면 된다.

IB는 기업이 회사채를 발행하거나 유상증자 또는 기업공개(IPO)를 통해 증시에서 자금을 조달하려고 할 때 투자자들을 끌어모아 주면서 수수료를 챙기는 일을 한다. 기업의 M&A 등 덩치가 큰 거래를 중개하기도 한다. 이는 경영에 참가하기보다는 주로 나중에 비싼 값에 되팔기 위해서다.

요즘에는 고객 주식 자체 중계(내부 주문 집행), 부동산 프로젝트파이낸싱(PF) 등의 거액 대출, 자회사를 통한 헤지펀드 운용 등 새로운 영역으로 확대되고 있다.

또한 우리나라 증권사들이 세계적 투자은행들과 어깨를 나란히 하기 위해서는 대형 IB를 키워야 한다는 데 공감하고 있기 때문에 정부에서 일정 요건을 갖춘 증권사에는 몇 가지 IB업무를 신규 허용해 주려고 하고 있다. 그 대표적인 것이 프라임 브로커(prime broker)다. 이는 아직 논의 중이나 자기자본 3조 원 이상인 대형 증권사 등에 자격을 주는 방안을 검토 중이다. 프라임 브로커는 헤지펀드를 위한 '종합 도우미' 또는 '주거래 은행'이라고 보면 되며 우리 말로 '전담 중개업자'라고 부른다.

정답 ⑤

095 플랫폼(platform)은 다양한 상품을 생산하거나 판매하기 위해 공통적으로 사용하는 기본 구조다. 여러 참여자가 참여할수록 부가가치는 기하급수로 상승하는 효과를 낸다. 다음 중 플랫폼 비즈니스 사례와 가장 거리가 먼 것은?

① 소셜네트워크서비스(SNS)
② 온라인 쇼핑몰이나 앱스토어
③ 인쇄업체나 광고물 제작업체
④ MS윈도, 안드로이드 등 운영체제(OS)
⑤ 인터넷 포털사이트, TV방송사, 신문사 등 미디어기업

해설

플랫폼이란 여러 참여자가 가치 있는 것을 만들어 서로 나누는 토대를 말한다. 다양한 상품을 생산하거나 판매하기 위해 공통적으로 사용하는 기본 구조다. 컴퓨팅이나 모바일에서 소프트웨어를 작동하는 MS 윈도나 안드로이드 같은 운영체제(OS)는 대표적인 플랫폼이다. 온라인 쇼핑몰이나 앱스토어도 개발자·생산자·가입자를 모아 자생적인 비즈니스 생태계를 만든다.

닌텐도는 게임기를 팔아서 이익을 남긴다. 이때 게이머들은 게임기뿐만 아니라 소프트웨어인 '게임팩'을 구입해야만 한다. 닌텐도 게임기가 대박을 내려면 두 가지 조건이 필요하다. 먼저 게임기를 만들고 마케팅에 나서 게이머들이 게임기를 많이 구입하도록 해야 한다. 동시에 게임개발자들이 닌텐도 게임기에 맞는 다양한 소프트웨어를 개발하는 데 뛰어들도록 유도해야 한다. 닌텐도는 게임기를 판매하면서 게이머와 게임개발자 사이에 거래가 일어나도록 교량 노릇을 해주는 플랫폼인 셈이다.

이 같은 플랫폼 사례는 우리 주변에 수두룩하다. 신용카드사는 가맹점과 카드 사용자들을 이어주는 플랫폼이다. 인터넷 포털사이트, TV방송사, 신문사와 같은 미디어 기업도 플랫폼으로서 광고주와 방문자, 시청자, 구독자를 연결해주고 광고수입을 거둔다.

플랫폼 비즈니스는 양면시장(兩面市場, two-sided market) 구조를 갖는다. 양면시장은 단일 또는 복수 플랫폼이 판매자와 구매자 사이에 상호작용을 가능하게 해주는 동시에 양측에 적절히 비용을 분담시켜 거래에 참여할 유인책을 제공해주는 시장을 말한다.

신용카드 사례를 보자. 신용카드사는 가맹점에서 카드대금 대비 일정액을 수수료로 받는다. 돈을 쓰는 카드 사용자에 대해서는 각종 포인트나 혜택을 줌으로써 카드 사용을 부추긴다. 대부분 카드 사용자에게 적용되는 연회비는 매우 저렴하거나 아예 없는 카드도 있다.

정답 ③

096 최근 기업들이 사무실에 PC 본체를 없애고 모니터만으로 업무를 보거나 인터넷에 접속된 단말기만 켜면 책상 앞 PC에 뜨는 것과 똑같은 바탕화면을 불러오는 클라우드 컴퓨팅 시스템을 도입하고 있다. 클라우드 컴퓨팅 시스템에 대한 장점과 가장 거리가 먼 것은?

① 정보 유출 가능성이 줄어든다.
② 데이터 소실 염려가 적어진다.
③ 해킹 시에도 쉽게 복구가 가능하다.
④ IT 제반 사항에 대한 운영비를 절감할 수 있다.
⑤ 바이러스 침입을 효과적으로 차단할 수 있다.

해설

클라우드 컴퓨팅(cloud computing)이란 대형 통신 사업자가 운영하는 데이터센터 서버컴퓨터에 자신이 이용하는 이메일이나 사진, 동영상, TV 프로그램 등을 저장해 놓고 스마트폰·태블릿PC·노트북컴퓨터로 언제 어디서나 접속해 이용할 수 있는 서비스다. 온갖 콘텐츠가 인터넷(데이터 서버)에 구름처럼 모여 있다는 뜻으로 클라우드란 용어를 사용한다.

클라우드시장을 성공시킨 일등공신은 스마트폰과 애플리케이션 스토어 확산이다. 스마트폰과 태블릿PC로 이동 중에 값싸게 영화를 즐기고, 가상 장터에서 이들 콘텐츠를 내려받아 집이나 사무실에서 보던 드라마를 이동 중 스마트폰으로 이어서 보고, 다시 집으로 들어와 스마트 TV로 이어보는 시대가 열리고 있다. 이처럼 모바일(mobile)과 클라우드(cloud)가 결합한 '모빌라우드(mobiloud)'가 탈(脫)PC 시대를 이끌고 있는 것이다.

이러한 클라우드 컴퓨팅의 장점으로는 데이터 소실과 정보 유출 염려를 줄여줄 뿐만 아니라 기기에서 나오는 발열을 감소시켜 에너지도 절감할 수 있다. 디도스 감염이나 바이러스 침입도 효과적으로 막는다. 또한 개인 PC가 아닌 중앙 서버만 있으면 되므로 IT 운영비가 뚝 떨어진다. 이에 여러 지자체에서 클라우드 컴퓨팅을 활용해 IT 예산 절감에 나서고 있다.

클라우드 컴퓨팅 덕에 디지털 라이프나 비즈니스 생태계 모두 풍요로워지고 있지만, 해결해야 할 숙제가 많고 클라우드 컴퓨팅이 안고 있는 역기능도 만만치 않다. 가장 큰 문제는 개인정보가 한꺼번에 유출될 가능성이다. 대형 IT 회사들이 구축한 데이터센터는 중소사업자 서버보다는 보안이 철저하다. 하지만 한 번 해킹당하면 막대한 피해를 본다. 여기에 개인 신상과 신용카드 정보가 서비스를 제공하는 사업자 데이터센터에 저장돼 있어 해킹을 당해도 바로 문제점을 찾을 수 없다는 점도 심각한 문제다.

또한 글로벌 IT 업체들 서버가 미국 등지에 있어 피해를 봐도 아시아 업체들은 정보 접근권을 행사할 수 없다. 바로 데이터 주권을 뺏긴다는 이야기인데, 데이터센터를 가진 사업자가 세계를 지배하는 '빅브러더스'가 될 수도 있다. 클라우드 컴퓨팅이 정체된 IT 산업을 살릴 기회의 창이 되는 동시에 데이터 주권을 모두 내줄 수 있는 위기가 될 수도 있는 것이다.

정답 ③

097 스티브 발머가 마이크로소프트의 CEO로 재직한 지난 10여 년간 경쟁사인 애플, 오라클, 휴렛패커드의 주가는 큰 폭으로 치솟았으나 마이크로소프트의 주가는 주당 25달러에서 거의 제자리걸음을 하고 있다. 마이크로소프트가 이 같은 정체현상을 겪고 있는 이유로 가장 적절치 않은 것은?

① 과거의 주력 제품에 대한 지나친 집착
② 신제품 및 기술 개발에 대한 투자 부족
③ 경영진의 창의적인 의사결정능력 미흡
④ 환경의 중요한 변화에 대한 능동적인 대처 미흡
⑤ 조직의 거대화에 따른 조직문화의 역동성 상실

해설

마이크로소프트의 부진에 대해서는 다양한 견해가 있으나, 많은 전문가들은 회사의 모든 전략과 실행이 지나치게 윈도와 오피스 제품에 집착해 인터넷 시대, 모바일 컴퓨팅의 급속한 부상과 같은 정보통신시장의 결정적인 변화에 적극적이고 능동적으로 대처하지 못했다는 점을 꼽고 있다.

조직의 규모가 커지면서 창의적이고 역동적인 의사결정이 어려워졌고, 이것이 마이크로소프트의 다양한 노력에도 불구하고 혁신적인 제품이나 서비스를 낳기 힘들게 하고 있다. 실제로 마이크로소프트는 매년 수조 원에 달하는 연구개발비를 다양한 기술 및 새로운 제품개발에 투자하고 있다.

정답 ②

098 국제회계기준(IFRS)은 재무제표를 통한 정보의 전달뿐 아니라 주석으로 공시되는 정보의 전달도 중요시하고 있다. 이는 과거에 비해 기업 환경의 복잡성 등으로 인하여 시장이 기업에 요구하는 공시의 질과 양이 증가되었기 때문이다. 이 같은 국제회계기준 공시의 원칙으로 적절한 것끼리 짝지어진 것은?

㉠ 의사결정에 유용할 것으로 예상되는 정보는 모두 공시해 투자자가 취사선택하도록 한다.
㉡ 정보의 정확성을 확보하기 위해 내부정보 중 불확실성이 내재된 정보는 불확실성이 없어진 후 공시한다.
㉢ 회계정보는 경제적으로 제공해야 하며 저렴한 가격으로 공시할 수 있다면 이를 이용하는 공시 정책을 수립해야 한다.
㉣ 회계처리 방법의 차이로 발생하는 공시정보의 차이는 투자자를 오도할 수 있으므로 회계처리 방법의 단일화가 필요하다.

① ㉠, ㉡　② ㉠, ㉢　③ ㉠, ㉣　④ ㉡, ㉢　⑤ ㉡, ㉣

해설

회계정보는 되도록 빠르게 공시되어 사적인 정보 이용을 통한 일부 투자자의 혜택을 방지하여야 한다. 따라서 유용한 정보는 빠르게, 그리고 모두 충분히 공시되어야 한다. 회계처리 방법의 차이로 인한 상이한 정보는 경제적 실체를 반영하지 않으므로 회계처리 방법이 명확히 공시되는 한 투자자를 오도하지 않는다. 마지막으로 정보의 제공은 경제적으로 이루어져야 한다.

정답 ②

099 일반적으로 회계정보가 유용성을 갖기 위해 필요한 질적 특성으로는 이해가능성, 목적적합성, 신뢰성, 그리고 비교 가능성이 제시된다. 아래 국제회계기준(IFRS)의 적용과 관련한 기사를 읽고 회계기준 변경으로 영향을 받는 회계정보의 질적 특성으로 가장 올바르게 짝지어진 것을 고르면?

> "○○이노베이션의 올 1분기 영업이익이 예상을 뛰어넘는 1조 1,933억 원을 달성한 것도 … 회계 기준 변경으로 … 원유 재고를 평가하는 기준이 달라졌기 때문이다. ○○이노베이션은 이 기준을 나중에 들여온 원유를 먼저 출고되는 것으로 계산하는 '후입선출법'을 쓰다가 재고를 평균해서 계산하는 '총평균법'으로 바꿨다. … △△오일은 ○○이노베이션과 같은 정유업종이지만 '총평균법'이 아닌 '선입선출법'을 재고 평가 방식으로 적용하기 시작했다. △△오일과 ○○이노베이션을 엄밀하게 같은 잣대로 비교하기 힘들어진 것이다. 원유값이 오를 경우 일반적으로 매출원가는 선입선출법이 총평균법보다 적다."

① 이해가능성, 목적적합성
② 목적적합성, 신뢰성
③ 신뢰성, 비교가능성
④ 이해가능성, 비교가능성
⑤ 이해가능성, 신뢰성

해설

회계정보의 질적 특성 중 이해가능성은 정보 이용자가 정보를 쉽게 이해할 수 있도록 재무제표 정보가 제공되어야 한다는 의미다. 목적적합성은 재무제표 정보가 정보 이용자로 하여금 과거의 평가를 확인 혹은 수정하도록 도와주는 확인 가치를 갖추거나 과거, 현재, 그리고 미래의 사건을 평가하는 데 도움이 되는 예측가치를 갖추어야 한다는 의미다.

신뢰성은 재무제표 정보가 중대한 오류가 없고 표현하고자 하는 경제적 거래를 충실하게 표현하여야 한다. 비교가능성의 경우에도 기간별 비교가능성과 기업 간 비교가능성을 모두 포함한다. 한 기업의 기간별 비교가능성을 제고하기 위하여 기간별로 일관된 방법이 적용되어야 한다.

정답 ④

100 다음은 재고자산의 원가결정방법과 관련된 신문기사 내용을 발췌한 것이다. 이에 대한 설명으로 가장 옳지 않은 것은?

> 미국의 석유메이저들이 고유가로 기록적인 수익을 올리고 있는 가운데 이들 메이저 석유사들이 사용하는 회계방식인 후입선출법(LIFO)이 이익을 축소함으로써 세금 납부액 감소로 이어지고 있다는 논란이 일고 있다. XX회사는 4분기부터 제품 및 원재료의 평가방법을 후입선출법에서 총평균법으로 변경함에 따라 당기순이익 X,XXX억 원의 이익효과를 보았다.

① 후입선출법을 사용하면 매출원가는 상대적으로 최근에 취득한 단가를 반영해 현재 매출액에 현재 원가를 적절히 대응하는 방법이라는 주장이 있다.

② 후입선출법은 비현실적인 원가흐름을 가정하고 있고 기말에 표시하는 재고자산이 오래 전에 취득한 단가를 반영하게 되어 재무상태를 왜곡시킬 가능성이 있으므로 국제회계기준(IFRS)에서 인정되지 않는다.

③ 원가가 상승하는 시기에는 후입선출법이 가장 높은 이익을 보고하고 선입선출법이 가장 낮은 이익을 보고하게 되며, 이에 따라 선입선출법을 사용할 경우 가장 적은 세금을 납부하게 된다.

④ 기업은 자유롭게 원가결정방법을 선택할 수 있지만, 일단 선택한 회계처리방법은 매기 계속하여 적용하고 정당한 사유 없이 변경해서는 안 된다.

⑤ 선입선출법은 가격변동이 심한 시기에는 매출원가가 오래된 단가로 측정되어 수익·비용의 대응이 적절하지 못하다는 단점이 있는 반면, 기말재고액은 현행원가의 근사치로 보고된다는 장점이 있다.

해설

국제회계기준이 허용하는 재고자산의 가격결정방법으로는 개별법, 가중평균법, 선입선출법(FIFO)이 있다.

선입선출법(FIFO)은 먼저 매입된 재고자산이 먼저 판매된다는 가정하에 재고자산을 평가하는 방법이다. 가중평균법은 기초재고자산과 당기매입자산의 원가를 가중평균하여 재고자산의 단위원가를 결정하고 이를 이용하여 매출원가와 기말재고를 보고하게 된다.

이 밖에 미국의 회계기준이 허용하는 재고자산의 가격결정방법으로 후입선출법(LIFO)이 있다. 후입선출법은 나중에 매입된 재고자산이 먼저 판매된다는 가정하에 재고자산을 평가하는 방법으로 나중에 구입된 재고자산 순서로 매출원가를 계산하고 가장 오래된 매입가격으로 기말재고를 보고하게 된다. 이 방법은 원가흐름의 가정이 비현실적이고 기말재고를 오래전 단가로 표시하여 재무상태를 왜곡한다는 문제점으로 인해 국제회계기준에서 허용하지 않는다.

가격결정방법의 선택에 따라 보고되는 기말재고액 및 매출원가가 다르다. 가격상승기의 경우에 매출원가는 후입선출법이 가장 높게 평가되고 가중평균법, 선입선출법 순으로 낮게 평가된다. 따라서 가격상승기에 가장 높은 매출원가를 보고하는 후입선출법이 가장 낮은 순이익을 보고하게 되고, 이에 따라 세금도 가장 적게 납부하게 된다.

정답 ③

101 기업이 보유한 무형자산에 대한 설명으로 가장 거리가 먼 것은?

① 무형자산으로 인식되려면 식별 가능성, 자원에 대한 통제, 그리고 미래 경제적 효익 존재 등 세 가지 조건을 충족해야 한다.

② 기업 외부에서 유상으로 취득한 무형자산은 매입원가 이외의 취득과 관련한 모든 부대원가를 포함하여 취득원가를 계상한다.

③ 영업권은 영업권 창출과 관련된 부대원가 모두를 무형자산으로 계상한다.

④ 일반적으로 무형자산은 상각(amortization)을 하지만 내용연수가 불확실하거나 유한하게 추정되지 않으면 상각하지 않는다.

⑤ 무형자산을 평가할 때 원가모형이나 재평가모형을 선택하여 사용할 수 있으나 활성화한 시장이 존재하지 않을 때가 많아 대부분 원가모형을 채택한다.

해설

기업이 보유한 자산 중 물리적 실체는 없지만 미래 경제적 효익이 존재하며 이러한 미래 경제적 효익을 가져다 주는 비화폐성 자산을 배타적으로 확보·통제할 수 있고, 식별 가능한 자산은 무형자산으로 분류한다. 영업권을 제외한 산업재산권, 라이선스, 프랜차이즈, 개발비, 임차권리금, 지적재산권 등 대부분 무형자산은 식별 가능하다.

무형자산 취득원가는 자산 취득에 직접 지출한 원가와 해당 자산을 본래 의도한 목적으로 사용 가능하게 하기 위해 지출한 부대원가 모두를 합하여 결정된다. 그러나 브랜드 이미지나 영업을 통하여 확보한 고개 명단 등 기업 내부에서 창출된 영업권은 지출된 원가(취득원가)를 신뢰성 있게 측정할 수 없고 기업이 통제하고 있는 식별 가능한 자원이 아니기 때문에 무형자산으로 인식하지 않는다.

정답 ③

Keyword

특허 괴물(patent troll)

제조 등의 생산 활동보다는 특허권의 행사를 통해 이익을 취하는 기업. 이 기업들은 먼저 특허를 매입한 후 소송 합의금, 로열티 등을 통해 수익을 얻는 데에만 치중한다. 전 세계에 300여 개 이상의 특허 괴물이 있으며 인텔렉추얼벤처스(IV), 인터디지털, 램버스, 스팬션 등이 악명을 떨치고 있다. 최근 외국계 특허괴물(patent troll)들이 최근 수익성이 좋은 한국 기업들을 표적으로 삼아 소송을 제기하면서 주목을 받았다.

102 다음은 대손충당금과 관련한 신문기사다. 이에 대한 설명으로 타당한 것을 모두 고르면?

PF대출 부실의 경우 저축은행들이 대출 심사 의무를 게을리한 채 무모하게 사업을 진행한 영향이 크다. PF 대출은 일반 대출보다 대손충당금 적립 의무가 강하게 부여된다. 이 과정에서 충당금이 많이 쌓이면 저축은행으로선 손실이 증가한다. 이를 피하기 위해 저축은행들이 PF 대출을 일반 대출로 분류하는 일이 횡행했다. 이를 통해 저축은행이 감춘 손실은 900억 원에 달했다.

㉠ 대여금이나 매출채권은 발생 당시에는 교환가격으로 장부에 자산으로 기록되지만, 회계 기말에는 자산 손상이 발생했는지를 검토해 손상 차손을 인식해야 한다.
㉡ 대여금과 매출채권 자산에 손상 차손이 발생했을 때 대손상각비라는 비용을 인식하고, 자산의 장부금액은 대손충당금이라는 차감계정을 사용해 자산에서 차감한다.
㉢ 대여금이나 매출채권 회수가 확실히 불가능할 때 대손확정액이 미리 설정했던 대손충당금 잔액을 초과하지 않는다면 손익계산서에 비용으로 처리하지 않는다.
㉣ 손실이 확실하고 대손확정액이 대손충당금잔액을 초과하지 않으면 대손충당금 잔액에서 대손확정액만큼 차감하고 동시에 관련 자산을 제거하여 순자산이 감소한다.

① ㉠, ㉡ ② ㉢, ㉣ ③ ㉠, ㉡, ㉢
④ ㉠, ㉢, ㉣ ⑤ ㉠, ㉡, ㉢, ㉣

해설

금융자산을 취득한 이후에 가치가 객관적으로 크게 감소하고 단기적으로 회복할 수 없다고 추정되면 회수 가능액을 계산하여 장부금액과 회수 가능액의 차이를 손상차손으로 인식해야 한다. 예를 들어 채권 회수기간이 단기인 단기대여금이나 매출채권은 장부금액과 회수 가능액의 차이를 대손상각비라는 계정으로 인식하고 대손충당금이라는 평가계정을 설정하게 된다.

회수가 가능한 금액을 결정하기 위하여 채권의 최초 발생일 후 경과기간을 몇 개 집단으로 구분하여 집단마다 과거 손실 경험에 근거한 차별적 손실률을 적용하는 연령분석법을 실무에서 사용한다.

손상차손이 인식되는 시점에서 대손상각비라는 비용을 인식하고 그 액수만큼 대손충당금을 설정하므로 이 대손충당금 잔액이 충분하면 실제 거래처가 파산하여 채권 회수가 불가능하더라도 그에 대한 비용 계상이 없다.

이때 대손 확정 시점에 대손충당금을 줄이고 동시에 관련 채권을 제거하는 분개만을 하게 되므로 장부상 순자산 감소도 없게 된다. 다만 확정된 대손금액이 대손충당금 잔액을 초과할 때는 초과금액만큼을 대손상각비 계정을 사용해 당기 비용으로 인식하고, 동시에 순자산도 감소하게 된다.

정답 ③

103 기업의 재무제표에 관한 다음 설명 중 옳은 것을 모두 고르면?

㉠ 재무제표를 작성하는 목적은 기업의 이해관계자들에게 의사 결정에 도움이 되는 재무정보를 제공하는 데 있다.
㉡ 자본변동표는 해당 기간에 채권자 지분·소유주 지분 변동을 상세히 보여준다.
㉢ 재무상태표(혹은 대차대조표)는 기업이 해당 기간에 수행한 수익창출 활동의 결과를 요약·보고하는 재무제표다.
㉣ 포괄손익계산서는 해당 기간 중 재무 성과를 보고하는 재무제표며, 특히 이해관계자에게 유용한 순이익 정보를 제공한다.
㉤ 현금흐름표는 해당 기간 중 영업활동, 투자활동, 재무활동 결과로 발생하는 현금흐름상 변동 내용을 보고하는 재무제표다.

① ㉠, ㉡, ㉢
② ㉠, ㉡, ㉣
③ ㉡, ㉢, ㉤
④ ㉠, ㉣, ㉤
⑤ ㉢, ㉣, ㉤

해설

재무제표는 기업과 관련된 다양한 이해관계자의 경제적 의사 결정에 유용한 정보를 제공하는 것을 목적으로 한다. 재무제표는 재무상태표, 포괄손익계산서, 자본변동표, 현금흐름표, 그리고 주석 등 다섯 가지를 포함한다.

재무상태표는 일정 시점(기말)에 기업이 보유하고 있는 자산, 부채, 자본 등 구성 내용을 표시하는 재무제표다. 이는 기업이 보유한 자원(자산)과 이러한 자원에 대한 채권자의 청구권리(부채, 채권자 지분), 그리고 주주의 청구권리(자본, 소유주 지분)를 표시하게 된다. 포괄손익계산서는 해당 기간(회계기간) 중 기업의 경영 성과, 즉 수익성에 대한 정보를 제공하는 재무제표다. 재화 혹은 용역 제공 등에 따른 수익 창출 활동의 결과(수익)와 이러한 수익창출을 위하여 희생된 경제적 자원의 소비(비용)를 표시하여 순이익을 계산하게 된다.

정답 ④

104 재무제표 상의 세 가지 구성요소인 자산, 부채, 자본의 관계는 '자산=부채+자본'이라는 회계등식으로 나타낼 수 있다. 다음 회계 거래가 회계등식 구성요소의 순변화에 미치는 영향을 바르게 표시하지 못한 것은?

	거래	자산	부채	자본금
①	(가)	+	=	+
②	(나)	+	+	=
③	(다)	+	=	+
④	(라)	=	=	=
⑤	(마)	-	-	=

*증가는(+), 감소는(-), 변화가 없으면 (=)로 표시함.

(가) 회사는 주당 액면 5,000원의 주식을 1만 주 발행하고, 주주는 5,000만 원을 현금으로 납입했다.

(나) 회사는 구매가격 100만 원의 컴퓨터를 도매상에서 구입하며 현금 50만 원을 지불하고 나머지 50만 원은 1개월 후 지급하기로 했다.

(다) 회사는 구매가격 100만 원의 컴퓨터를 소비자에게 판매하고 현금 120만 원을 수령했다.

(라) 회사는 컴퓨터 구매 시 도매상에게 미지급했던 50만 원을 약속어음으로 지급했다.

(마) 회사는 차입금 500만 원(이자률, 연 12%)의 1개월 분 이자 5만 원을 현금으로 지급했다.

해설

어떤 경제적 사건이 회계 거래로 인식되어 회계시스템에 기록되면 '자산=부채+자본'이라는 회계등식의 구성요소에 영향을 미친다. 즉, 회계등식의 자산, 부채 그리고 자본의 총액이 회계 거래의 기록 이후 변동하게 된다. 그러나 회계등식 자체는 회계 거래의 기록 이후에도 항상 유지된다. 예로 제시한 각각의 회계 거래가 회계등식에 미치는 영향을 살펴보면 다음과 같다.

(가)는 주식 발행과 관련한 회계 거래의 예로, 현금(자산)이 5,000만 원 증가하고, 동시에 자본(자본금)이 5,000만 원 증가하게 된다. 즉, 자산과 자본이 동시에 증가한다.

(나)는 상품 구매와 관련한 회계 거래의 예로, 컴퓨터 상품(자산)이 100만 원 증가하고, 현금(자산)이 50만 원 감소하며 매입채무(부채)가 50만 원 증가한다. 즉, 자산과 부채가 동시에 증가한다.

(다)는 매출과 관련한 회계 거래의 예로, 100만 원의 구매가격으로 기록되어 있던 컴퓨터 상품(자산)이 판매돼 감소하고, 판매가격인 현금(자산)이 120만 원 증가하며 매출액 120만 원과 상품의 원가 100만 원 차이인 20만 원의 이익이 발생해 이익잉여금(자본)이 증가한다. 즉, 자산과 자본이 동시에 증가한다.

(라)는 부채에 관한 회계 거래의 예로, 과거의 매입채무(부채)인 50만 원에 관해 약속어음을 발행함으로써 지급어음(부채)이 증가한 경우다. 이 경우에는 단순히 부채의 종류만이 변경되고 총액에는 변화가 없다. 즉, 자산, 부채, 그리고 자본의 변화가 없다.

(마)는 차입과 관련한 회계 거래의 예로, 차입금의 이자를 지급해 현금(자산)이 5만 원 감소하고, 이로 인해 5만 원 비용이 발생해 이익잉여금(자본)이 5만 원 감소한다. 즉, 자산과 자본이 동시에 감소한다.

정답 ⑤

105 ㈜BC는 2011년 1월 1일에 영업을 시작해 2011년 12월 31일 다음과 같은 재무정보를 보고했다. 다음을 기초로 한 재무상태표 내용으로 옳지 않은 것은?

사무실비품 140만 원, 현금 40만 원, 매출 320만 원, 임차료 40만 원, 매입채무 20만 원, 자본금 80만 원, 소모품 20만 원, 전기료 20만 원, 매출채권 40만 원, 급여 120만 원, 단기차입금 50만 원, 배당금 40만 원, 미지급급여 10만 원, 광고비 20만 원

① 손익계산서에 보고된 총비용은 200만 원이다.
② 손익계산서에 보고된 당기순이익은 120만 원이다.
③ 재무상태표에 보고된 총자산은 240만 원이다.
④ 재무상태표에 보고된 이익잉여금은 80만 원이다.
⑤ 재무상태표에 보고된 총자본은 200만 원이다.

해설

해당기간에 발생한 기업의 수익성에 대한 정보를 제공하는 손익계산서는 수익(매출)에서 비용(급여, 광고료, 임차료, 전기료, 감가상각비 등)을 차감하여 당기순이익을 보고한다. 반면 재무상태표는 일정 시점에 기업이 보유하고 있는 자산, 부채 및 자본의 구성 상태에 대한 정보를 제공한다. 자산은 유동자산(현금, 매출채권, 소모품 등), 투자자산(투자부동산, 장기대여금 등), 유형자산(토지, 건물, 기계, 비품 등), 그리고 무형자산(영업권, 특허권 등)으로 구별된다. 부채는 유동부채와 비유동부채로 구별되며, 자본은 자본금과 이익잉여금으로 구분된다.

문제의 재무정보에서 총비용은 임차료, 전기료, 급여, 광고비를 합한 200만 원(40만 원+20만 원+120만 원+20만 원)이고, 당기순이익은 '매출 320만 원-총비용 200만 원'으로 120만 원이 된다.

전기로부터 이월된 이익잉여금이 없으므로 2011년 12월 31일의 이익잉여금은 당기순이익 120만 원에서 배당금 40만 원을 차감한 80만 원이다. 따라서 총자본(자본금+이익잉여금)은 '80만 원+80만 원=160만 원'이다. 총자산은 현금, 매출채권, 소모품, 사무실비품(40만 원+40만 원+20만 원+140만 원)을 합한 240만 원이다.

정답 ⑤

106 다음 표는 한 중견 기업의 A사업부와 B사업부 영업상태를 요약한 것이다. 두 사업부 경영성과를 평가하는 내용으로 가장 거리가 먼 것은?

A사업부와 B사업부의 경영실적

구분	A사업부	B사업부
매출	450,000	450,000
매출원가	320,000	370,000
판매관리비	110,000	68,000
총자산	150,000	80,000

① A사업부가 B사업부에 비하여 투자수익률이 낮다.
② A사업부가 B사업부에 비하여 매출총이익이 높다.
③ A사업부는 B사업부에 비하여 박리다매 영업을 하고 있다.
④ A사업부가 B사업부에 비하여 이익마진율을 나타내는 매출수익률이 높다.
⑤ A사업부가 B시업부에 비하여 자산수익률을 나타내는 자산회전율이 낮다.

해설

투자중심점의 평가방법 중 하나인 투자수익률은 일반적으로 이익을 총자산으로 나누어 계산한다. 이러한 투자수익률은 2개의 재무비율로 구분하여 매출수익률과 총자산회전율의 곱으로 계산될 수 있다.

매출수익률은 매출액을 기준으로 이익 규모를 평가하는 지표로서 이익마진을 나타낸다. 반면에 총자산회전율은 기업이 보유한 자산이 매출 창출에 기여하는 정도를 표시하게 된다. A사업부는 B사업부에 비하여 매출수익률은 높은 반면 총자산회전율이 낮게 나타난다.

그 결과로 A사업부 투자수익률은 B사업부에 비하여 낮게 평가된다. 따라서 B사업부는 A사업부에 비하여 이익 마진은 적은 반면 총자산 대비 매출 규모가 큰 박리다매형 영업전략을 택하고 있는 것으로 평가된다. A사업부 투자수익률을 높이는 방안으로는 B사업부와 같이 박리다매형 영업전략으로 전환을 하거나 혹은 매출수익률을 지금보다 더 높일 수 있는 방안을 모색할 필요가 있다.

정답 ③

Keyword

총자산회전율(total asset turnover ratio)

총자본회전율이라고도 하며 매출액을 총자산으로 나눈 것이다. 이 비율은 기업이 소유하고 있는 자산들을 얼마나 효과적으로 이용하고 있는가를 측정하는 활동성 비율의 하나로서 기업의 총자산이 1년에 몇 번이나 회전하였는가를 나타낸다(총자산회전율=매출액/총자산). 총자산회전율이 높으면 유동자산·고정자산 등이 효율적으로 이용되고 있다는 것을 뜻하며, 반대로 낮으면 과잉투자와 같은 비효율적인 투자를 하고 있다는 것을 의미한다.

107 ㈜AB는 최근 화재 때문에 재고창고에 보관 중이던 원가 125만 원의 재고자산이 손상됐다. 손상된 재고자산은 재활용업자에게 45만 원에 판매할 수 있을 것으로 파악된다. 그런데 회사가 손상된 재고자산을 재활용업자에게 판매하지 않고 수리를 할 경우 수리비 23만 원이 발생하고 회사 소유 아웃렛에서 80만 원의 가격에 판매할 수 있을 것으로 예상된다고 한다. 재활용업자에게 판매하는 경우와 수리 후 판매하는 경우 중 회사가 선택할 최선의 대안은 무엇이며, 선택된 대안의 기회원가는 얼마인가?

① 재활용업자에게 판매하는 것이 최선이며 기회원가는 125만 원이다.
② 재활용업자에게 판매하는 것이 최선이며 기회원가는 102만 원이다.
③ 수리 후 판매하는 것이 최선이며 기회원가는 23만 원이다.
④ 수리 후 판매하는 것이 최선이며 기회원가는 45만 원이다.
⑤ 두 대안 모두 회사에 손실을 초래하기 때문에 적합하지 않다.

해설

기업의 의사결정과 관련된 원가의 개념으로 매몰원가(sunk cost)와 기회원가(opportunity cost)가 있다. 매몰원가는 과거에 이미 발생하여 의사결정을 통해 변경할 수 없는 원가로 의사결정과는 무관하다. 이 예제에서 재고창고에 보관 중이던 재고자산의 당초 원가인 125만 원이 매몰원가다.

기회원가는 두 가지 이상의 대안 중 하나를 선택할 경우 포기한 대안에서 얻을 수 있는 유형, 무형의 가치를 의미하는 개념이다. 예제에서 기업이 수리 후 판매하기로 결정할 경우 기회원가는 포기한 대안인 재활용업자에게 판매하여 받을 수 있는 45만 원이다.

이때 기업이 수리 후 판매하는 대안에서 얻을 수 있는 이익은 57만 원(판매액-수리비=80만 원-23만 원)으로 기회원가인 45만 원보다 크기 때문에 수리 후 판매하는 대안이 최선이다.

정답 ④

108 대정공업은 특수나사를 생산해 판매하는 회사다. 이 회사가 생산하는 나사의 단위당 원가는 변동비 1,400원, 고정비 600원이며, 판매단가는 3,000원이다. 대정공업의 월간 나사 생산능력은 10만 개인데 현재 8만 개 정도를 생산하고 있다. 오늘 한 외국업체가 1만 4,000개의 나사를 개당 1,800원에 한꺼번에 사겠다는 제의를 해왔다. 대정공업이 이 제의를 수락하면 순이익은 어떻게 되겠는가?

① 280만 원 감소 ② 1,680만 원 감소 ③ 280만 원 증가
④ 560만 원 증가 ⑤ 420만 원 증가

해설

기업은 대량 주문이 들어오면 생산 단위당 원가와 생산량 수준을 검토하여 추가 이익이 발생하는지를 점검해야 한다. 이 사례의 경우 대정공업은 한꺼번에 1만 4,000개 대량주문이 들어왔고, 가격은 본래 판매가격인 3,000원보다 대폭 낮은 수준의 특별주문이다. 이 회사는 특별주문 수락 여부 결정에 앞서 두 가지 사항을 먼저 고려하여야 한다. 첫째, 특별주문가격이 단위당 변동비를 상회하는가 여부다. 즉 주문된 가격으로 고정비를 제외한 생산에 들어가는 변동원가를 감당할 수 있는지를 봐야 한다. 둘째, 이 주문을 소화할 수 있는 유휴생산능력이 있는지를 판단해야 한다. 매력적인 주문이라도 생산량을 감당할 수 없다면 손실이 발생할 수 있다. 만약 이 두 가지 조건을 다 만족한다면 특별주문가격이 단위당 변동비를 웃도는 만큼씩 이익이 증가한다. 즉, 개당 400원씩의 이익이 추가로 생기게 되어 '400원×1만 4,000개=560만 원'의 추가이익이 발생한다.

정답 ④

109 최근 많은 주식 종목에서 우선주 주가가 급등해 관심이 높다. 다음 중 우선주에 대한 설명으로 옳은 것을 모두 고르면?

> ㉠ 주당 장부가치는 우선주와 보통주가 상이하다.
> ㉡ 참여적 우선주의 경우 의결권을 행사할 수 있다.
> ㉢ 구형 우선주의 경우 배당금은 보통주에 비해 더 많다.
> ㉣ 신형 우선주는 만기가 있어 이 기간이 경과하면 보통주로 전환된다.
> ㉤ 누적적 우선주의 경우 미지급된 배당이 있다면 보통주 배당을 할 수 없다.

① ㉠, ㉡, ㉢
② ㉠, ㉡, ㉣
③ ㉠, ㉣, ㉤
④ ㉡, ㉢, ㉤
⑤ ㉢, ㉣, ㉤

해설

우선주는 보통주와 달리 의결권이 없는 대신 보통주에 비해 배당금을 앞서 받고 주당 배당금 규모도 더 많다. 우선주는 이익 참여 여부에 따라 참여적·비참여적, 배당 누적 여부에 따라 누적적·비누적적, 상환방식에 따라 상환·전환 우선주로 구분된다. 국내 우선주의 경우 80% 이상이 1996년 이전에 발행된 구형 우선주로서 보통주로 전환할 수 없는 무기한 우선주이며 배당금은 보통주에 비해 액면가 대비 1% 많다. 반면 신형 우선주는 최저배당률이 정해져 있고 만기가 있어 3~10년 후에 보통주로 전환된다. 우선주와 보통주의 액면가는 동일하므로 주당 장부가치도 동일하다.

정답 ⑤

110 어떤 기업이 신규 사업 진출을 위해 여러 가지 투자방안을 검토하고 있다. 이처럼 신규 사업 투자분석을 하면서 현금흐름을 추정할 때 포함시켜야 할 항목끼리 올바르게 짝지어진 것은?

> ㉠ 차입금에 대한 이자비용 지급
> ㉡ 영업을 시작하기 위해 원재료 구입
> ㉢ 공실이던 건물을 신규 투자안을 위해 사용
> ㉣ 신규 사업의 타당성 검증을 위해 시장조사비 지출
> ㉤ 초코아이스크림의 신규 생산으로 기존에 판매하던 딸기아이스크림의 매출 감소분

① ㉠, ㉡, ㉢
② ㉠, ㉢, ㉣
③ ㉠, ㉣, ㉤
④ ㉡, ㉢, ㉤
⑤ ㉡, ㉣, ㉤

해설

현금흐름을 추정할 때 포함시켜야 할 항목으로는 잠식비용, 기회비용, 추가적 운전자본 투자액 등이 있다. 고려하지 말아야 할 항목으로는 매몰비용, 이자비용 등이 있다.

차입금에 대한 이자비용 지급은 금융비용으로 투자안을 평가할 때 현금흐름을 자본비용으로 할인해 투자가치를 추정하므로 금융비용을 현금유출로 포함하게 되면 비용의 이중계산이 될 수 있다. 영업을 위한 원재료 구입은 추가적인 운전자본 투자액이다. 공실이던 건물 사용은 실질적인 현금유출은 발생시키지 않지만 그 자원을 해당 투자안이 아닌 다른 투자안에 사용할 경우 얻게 되는 이득의 손실분, 기회비용으로 고려해야 한다.

시장조사비는 매몰비용을 의미하는 것으로 과거에 발생한 비용으로 현재 시점의 투자안 채택 여부에 영향을 줄 수 없는 비용이다. 신규 투자 때문에 기존 현금흐름이 감소하는 경우 잠식비용이 된다.

정답 ④

Keyword

기회비용과 매몰비용

기회비용은 어떠한 활동을 함으로써 포기해야 하는 다른 활동 가운데에서 최선의 활동 가치로, 즉 포기한 것 중에서는 최선이나 선택 가능했던 활동 중에서는 차선이라는 뜻이다. 반대로 매몰비용은 이미 지출되어 회수할 수 없는 비용으로 합리적 선택을 위해서는 고려되어서는 안 될 비용이다. 즉 기회비용은 '할 수 있었던 것의 가치'라는 점이고 선택에 따라 포기한 가치는 반드시 그 선택의 기로에 섰던 순간에 선택할 수 있었던 것이어야 한다. 선택 과정에서 변화하지 않고 항상 그대로 존재하는 비용을 '매몰비용'이라고 부른다. 선택에 영향을 주지 않으니 당연히 매몰비용은 기회비용에서 제외해야 한다.

111 한국이는 로또 1등에 당첨되어 세금을 제외하고 3억 원을 지급받게 되었다. 복권위원회가 다음과 같은 방식으로 당첨금을 지급한다고 할 때 한국이가 가장 많은 돈을 지급받을 수 있는 것은 어떤 경우인가? 단, 이자율은 매년 5%이고 복리로 계산되며 현금지급은 매 기간 말에 이루어진다고 가정한다.

나음 표는 해당 기긴 후 1원의 현재가치와 해당 기간 중 매년 1원씩 연금을 받을 경우 연금합계액의 현재가치다.

기간	현재가치	연금의 현재가치
5년	0.78원	4.33원
10년	0.61원	7.72원

① 현재 3억 원
② 5년 후 4억 원
③ 10년간 매년 4,000만 원
④ 영원히 매년 1,500만 원
⑤ 현재 1억 원, 5년 후 1억 원, 10년 후 2억 원

해설

화폐의 시간가치를 구하는 문제로 모든 보기를 현재가치화하면 된다.

②의 경우 5년 후 4억 원의 현재가치는 3억 1,200만 원(4억 원×0.78)이고, ③의 경우는 매년 돈을 지급받는 연금이므로 현재가치는 3억 880만 원(4,000만 원×7.72)이 된다.

④의 경우는 영구연금을 의미하는 것으로 지급액을 이자율로 나눔으로써 가치를 산출할 수 있는데 3억 원(1,500만 원÷0.05)이 된다.

⑤의 경우 5년 후 1억 원의 현재가치는 7,800만 원(1억 원×0.78), 10년 후의 2억 원은 1억 2,200만 원(2억 원×0.61)이 되므로 총 현재가치는 3억 원이 된다.

정답 ②

Keyword

복리 이자(compound interest)

원금과 이전에 지급된 이자의 합에 대한 이자를 말한다. 예를 들면, 10%의 이자율로 100원이 지급되면, 다음해에는 110원을 받을 수 있고, 그 이듬해에는 121원을 받을 수 있다. 이때 1원은 이전에 이자로 지급받은 10원에 대한 이자인데, 이러한 방법을 복리법이라 한다.

만약 단리 이자라면 매년 10원으로 이자가 고정되어 있다. 따라서 복리 이자는 이자가 이자를 낳는 구조라고도 한다. 시중 은행에 예금의 이자 계산 방식은 단리이지만 최근 복리 이자 예금 상품이 출시되어 인기를 끌었다. 그러나 예금 기간이 짧아 실속 있는 복리 효과를 기대하기 어려워 빈축을 사기도 했다.

112 주식투자를 할 때 분산투자를 하는 이유는 위험을 줄이기 위해서다. 다음 중 분산투자에 대한 설명으로 옳은 것을 모두 고르면?

㉠ 투자위험은 포트폴리오 수익률의 분산을 통해 산출한다.
㉡ 분산투자할 때 위험을 최소화할 수 있는 자산의 투자비율이 존재한다.
㉢ 분산투자를 하더라도 개별 기업이 보유하고 있는 고유위험은 사라지지 않는다.
㉣ 공매와 차입이 허용될 때도 자산 간 상관계수가 낮을수록 위험감소 효과는 더 크게 나타난다.
㉤ 헤지펀드와 같은 대체투자상품을 포트폴리오에 편입시키는 이유는 다른 상품과 상관계수가 낮기 때문이다.

① ㉠, ㉡, ㉤
② ㉠, ㉢, ㉣
③ ㉠, ㉣, ㉤
④ ㉡, ㉢, ㉣
⑤ ㉡, ㉢, ㉤

해설

포트폴리오를 구성하는 주된 목적은 자산의 위험을 축소시키기 위함이다. 이때 위험은 구성 자산 수익률의 분산(표준편차)을 통해 산출되며 자산 간 상관계수가 낮을수록 위험감소 효과는 증대된다.

최근 헤지펀드와 같은 대체투자상품이 각광받는 이유도 다른 투자자산과 상관계수가 낮기 때문이다. 이들 대체투자상품을 통해 포트폴리오 매니저는 위험감소 효과를 누릴 수 있는 것이다.

다만 자산의 공매와 차입이 허용될 때는 상관계수가 낮을수록 위험이 오히려 증대된다. 분산투자를 하면 기업 고유의 위험이 제거되는 반면 모든 기업에 공통적으로 적용되는 요인(체계적 요인)에 대한 위험은 제거되지 않고 그대로 존재한다.

정답 ①

Keyword

체계적 위험과 비체계적 위험

증권투자에는 크게 두 가지 위험이 있는데 그것은 체계적 위험(systematic risk)과 비체계적 위험(unsystematic risk)이 그것이다. 전자는 경기침체, 인플레이션, 국가부채 등 주로 거시 이슈로 시장 전반에 영향을 미치는 것들이다. 후자는 기업의 실적부진, 경영진 교체, 파업, 횡령 등 특정종목의 미시적 변수들을 말한다. 언제나 이런 위험이 공존하지만 국면에 따라 강약의 편차가 심하고, 부각되는 위험의 종류도 다르다. 일반적으로 증권투자 시 분산투자를 하게 되면 비체계적 위험을 제거할 수 있다.

113 한국이는 1억 원을 A·B·C 세 주식에 나누어 투자하기로 했다. 한국이가 분산 투자한 데 대해 옳지 않은 것을 모두 고르면?

㉠ B주식과 C주식 수익률 간 상관계수가 낮을수록 기대수익률과 실제수익률 간 차이 가능성은 작아진다.
㉡ 분산 투자를 하면 더 낮은 위험을 달성할 수 있다.
㉢ 분산 투자를 하면 더 높은 수익률을 달성할 수 있다.
㉣ A기업과 B기업이 동일 업종이라면 다른 업종일 때보다 기대수익률과 실제수익률 간 차이 가능성은 작아진다.
㉤ 달러 대비 원화값이 하락하면 분산 투자를 하는 것이 투자위험이 낮다.

① ㉠, ㉡, ㉢
② ㉡, ㉢, ㉣
③ ㉢, ㉣, ㉤
④ ㉠, ㉢, ㉤
⑤ ㉡, ㉣, ㉤

해설

주식투자를 할 때 분산 투자, 즉 포트폴리오를 구성하는 이유는 수익률을 높이기 위한 것이 아니라 위험을 줄이기 위한 것이다. 분산 투자를 한다면 가장 낮은 위험을 가진 개별 주식보다도 더 낮은 위험을 달성할 수 있다.

여기서 위험이란 기대수익률과 실제수익률 간 차이 발생 가능성으로 해석할 수 있으며 이 같은 차이 가능성이 작을수록 위험이 낮다고 할 수 있다.

위험은 과거 수익률의 표준편차를 통해 계량화된다. 분산 투자 시 위험은 주식수익률 간 상관계수가 낮을수록 줄어들며 다른 업종에 속해 있다면 주식 간 수익률 상관계수는 낮아질 수 있다. 한편 원·달러 환율과 같이 모든 주식에 공통적으로 해당하는 위험요소(체계적 위험)는 분산 투자를 하더라도 위험 감소 효과가 나타나지 않는다.

정답 ③

Keyword

위험회피와 헤지

사람들은 위험을 싫어한다. 지나치게 굴곡진 삶보다는 평탄한 삶을 바란다. 아플 때나 건강할 때나, 일을 할 때나 백수가 됐을 때나, 투자에서 돈을 벌 때나 잃을 때나 소비와 생활수준을 고르게 유지하고 싶어 한다. 사람들의 이런 성향을 위험회피(risk aversion)라고 한다. 효율적인 금융시스템은 우리가 안기 싫어하는 리스크를 줄이거나 없애는 수단을 (적정한 가격에) 제공한다. 우리는 온갖 보험제도와 투자손실을 회피하는 헤지(hedge)수단과 여러 자산에 나누어 투자함으로써 위험을 분산하는 기법을 활용해 위험을 줄일 수 있다. 특히 분산 투자는 리스크를 최소한으로 줄일 수 있는 매우 강력한 무기가 될 수 있다.

114 주식투자 정보를 살펴보면 베타(β)라는 것을 발견할 수 있다. 다음 중 주식의 베타계수에 대한 옳은 설명으로 묶인 것은?

㉠ 음수가 될 수 없다.
㉡ 베타값이 1보다 크면 시장 수익률보다 해당 주식수익률의 변동 폭이 더 크다.
㉢ 다른 조건이 같다면 부채비율이 낮은 기업이 높은 기업에 비해 베타가 더 크다.
㉣ 시장수익률과 해당 주식 수익률 간 공분산을 시장수익률의 분산으로 나누어 구할 수 있다.
㉤ 여러 주식으로 포트폴리오를 구성했을 때도 감소되지 않는 수익률의 변동성 부분이다.

① ㉠, ㉡, ㉢
② ㉠, ㉢, ㉣
③ ㉠, ㉡, ㉤
④ ㉡, ㉣, ㉤
⑤ ㉢, ㉣, ㉤

해설

베타계수란 주식의 수익률이 시장수익률 변동에 대해 어느 정도 민감하게 반응하는지를 나타내는 지표다. 즉, 베타가 1보다 크면 시장수익률이 1%만큼 증가 또는 감소할 때 해당 주식의 수익률은 평균적으로 1%보다 큰 폭으로 증가 또는 감소함을 의미한다. 따라서 베타가 1보다 큰 주식을 공격적 자산, 1보다 작은 주식을 방어적 자산이라고 한다. 개별 주식의 수익률이 시장수익률과 반대 방향으로 움직일 때 베타는 0보다 작게 나타나기도 한다.

베타값은 통계학적으로 일정 기간 해당 주식의 초과수익률에 대한 시장초과수익률의 회귀분석을 통해 산출된 식(증권특성선)의 기울기값으로 구할 수 있다. 기업 부채비율이 증가하면 부채 사용으로 인한 재무 위험이 반영되어 베타계수는 더 커지게 된다.

정답 ④

115 전통적인 자본자산가격결정모형(capital asset pricing model)을 기준으로 할 때 A기업 주식수익률을 결정하는 요인이 아닌 것은? 단, 모든 수익률은 기대수익률이며 시장수익률은 시장의 모든 주식을 포함하는 대표수익률을 의미한다.

① A기업 주식의 베타
② 시장수익률 분산
③ A기업 주식의 위험수준
④ A기업 배당수익률
⑤ A기업 주식수익률과 시장수익률 간 공분산

해설

자본자산가격결정모형(CAPM)은 재무와 금융경제의 대표이론이다.

펀드매니저와 같은 전문적인 시장참여자들도 금융이론이 예측하는 주식수익률을 참고하기 위해 CAPM을 통해 주식수익률을 계산하고 있다. 이 이론에 따르면 A기업 주가수익률은 '안전자산수익률+A기업 주식의 베타(시장수익률-안전자산 수익률)'로 구해진다.

A기업 주식의 베타는 A기업 주식수익률과 시장수익률 간 공분산과 시장수익률 분산의 비율이다. 또한 A기업의 베타는 A기업 주식의 위험 수준을 나타내는 지표이기도 하다. 따라서 CAPM이 보여주는 것은 A기업 주식수익률은 A기업 주식의 위험수준에 의하여 결정된다는 것이다. A기업 배당수익률이 주식수익률에 영향을 미치지 못하는데 이는 베타가 주식수익률을 적합하게 설명하지 못한다는 근거로 제시되고 있다.

정답 ④

116 민정 씨는 A기업 주식을 3개월 후에 살 수 있는 콜옵션(call option)이 있다. 다음 중 어느 항목이 증가(상승)해야 민정 씨가 가지고 있는 A기업 주식 콜옵션의 가치가 증가하는가?

㉠ 무위험이자율	㉡ 옵션 행사가격
㉢ A기업 주식가격	㉣ 옵션만기까지 기간

① ㉠, ㉡　　② ㉠, ㉢　　③ ㉡, ㉣
④ ㉠, ㉢, ㉣　　⑤ ㉡, ㉢, ㉣

해설

거래 당사자들이 미리 정한 가격(행사가격)으로 장래 특정 시점 또는 그 이전에 일정 자산을 살 수 있는 권리를 매매하는 계약을 콜옵션(call option)이라고 한다. '콜옵션 매도자'에게서 자산을 매입할 수 있는 권리가 '콜옵션 매입자'에게 부여되는 대신 '콜옵션 매입자'는 '콜옵션 매도자'에게 그 대가인 프리미엄을 지급한다. '콜옵션 매입자'는 현재가격이 행사가격보다 높으면 매입권리를 행사하여 대상 자산을 매입하게 되며 현재가격이 행사가격보다 낮을 때는 매입권리를 포기하고 시장가격에 의해 대상 자산을 매입한다.

이때 콜옵션 가격에 영향을 미치는 요인으로 주식가격, 변동성, 만기, 무위험이자율, 그리고 행사가격이 있다. 이 중 콜옵션 가격에 정(+)의 관계에 있는 요인은 '주식가격', '변동성', '만기', '무위험이자율'이다.

'옵션 행사가격'은 옵션 가치와 부(–)의 관계를 갖는다. 따라서 옵션 행사가격은 옵션 가치를 증가시키는 요인에 해당되지 않는다.

정답 ④

117 2010년 11월 11일 코스피지수를 장 마감 전 53포인트 급락시킨 '옵션만기일 쇼크'의 주 원인은 프로그램 매매였다. 잘못된 것을 모두 고르면?

㉠ 비차익거래는 선물에 대해 매매를 하지 않는다.
㉡ 매도차익거래가 청산되는 경우 현물가격이 하락한다.
㉢ 선물이 현물보다 고평가되어 있으면 프로그램 매도가 발생한다.
㉣ 주가와 금리가 상승하는 경우 현물과 선물의 가격 차이는 더 커진다.
㉤ 시장 베이시스가 이론 베이시스보다 작으면 매수차익거래가 생긴다.

① ㉠, ㉡, ㉢
② ㉠, ㉢, ㉣
③ ㉠, ㉣, ㉤
④ ㉡, ㉢, ㉤
⑤ ㉡, ㉣, ㉤

해설

프로그램 매매란 선물과 현물 간의 이론적인 가격 차이(이론베이시스)와 실제 시장에서 거래되는 가격 차이(시장베이시스)를 이용해 투자전략을 사전에 컴퓨터에 입력한 후 시장 상황에 따라 매매시점이 포착되면 일시에 일괄적으로 거래하는 것을 말한다. 프로그램 매매는 현물과 선물에 대해 동시에 반대 포지션을 취하는 차익거래와 현물시장에서만 매매를 하는 비차익거래로 나뉜다. 시장베이시스가 이론베이시스보다 크면 선물이 고평가되어 매수차익거래가 발생하며 반대의 경우는 매도차익거래가 발생하게 된다. 만기일에 이르러서는 매수차익거래 잔고의 경우 현물 매도, 선물 매수로 청산이 이루어져 현물시장에 매물 압박 요인으로 작용하기도 한다.

정답 ④

118 2009년 자본시장법 시행으로 증권회사 계좌를 통해서도 자금 이체나 인터넷뱅킹, 공과금 납부를 할 수 있게 됐지만 최근 증권사의 결제망 참가금을 놓고 은행과 증권업계가 갈등을 빚고 있다. 증권사가 개인을 대상으로 자금이체 서비스를 직접 제공하기 위해 참여하고 있는 지급결제시스템은 무엇인가?

① 소액결제시스템
② 거액결제시스템
③ 장내증권결제시스템
④ 장외증권결제시스템
⑤ 카드결제시스템

해설

국내 지급결제시스템은 크게 거액결제, 소액결제, 증권결제, 외환결제시스템 등이 있다. 거액결제시스템은 신한은금융망(BOK-Wire+)으로 불리는 것으로 금융회사 간 거액의 자금이체뿐 아니라 소액결제시스템의 최종결제, 증권대금동시결제, 외환동시결제 등 지급결제의 가장 핵심적인 역할을 하고 있다.

소액결제시스템은 개인이나 기업 간 거래 등 주로 금융회사의 대고객 거래를 결제하는 시스템으로 금융결제원이 운영하고 있다.

정답 ①

119 연말연시 주식시장에는 그 어느 때보다도 다양한 종류의 투자 전략이 소개되고 있다. 투자자들이 이해하면 더 높은 초과 수익을 얻을 수 있는 연말연시 투자전략에 대한 설명으로 옳은 것을 모두 고르면?

㉠ 윈도드레싱(window dressing) 결과 기관투자가가 순매수하는 종목의 주가는 상승하는 경우가 많다.
㉡ 배당락(exdividend)일에 주식을 보유하면 배당을 받을 수 있다.
㉢ 산타랠리(Santa Claus rally)가 존재한다면 크리스마스부터 신년 사이에 주가는 강세를 보인다.
㉣ 1월효과(January effect)에 의하면 1월의 주가상승률은 다른 달에 비해 상대적으로 높다.
㉤ 연휴효과(holidays effect)에 따라 연휴가 시작되기 전일에 주가가 약세를 보인다.

① ㉠, ㉡, ㉢
② ㉠, ㉢, ㉣
③ ㉠, ㉣, ㉤
④ ㉡, ㉢, ㉤
⑤ ㉡, ㉣, ㉤

해설

윈도드레싱이란 기관투자가나 자산운용사의 펀드매니저가 분기, 반기, 또는 연말에 성과를 높이기 위해 보유 종목의 종가관리를 하는 것을 말한다. 이에 따라 결산시점에 포트폴리오에 포함된 종목의 가격을 인위적으로 끌어올리기도 한다.

배당락이란 배당을 받지 못하는 첫 번째 날이다. 배당기준일은 해당 일에 주식을 보유하고 있어야 배당을 받게 되는 날로 일반적으로 사업연도 말일이 된다.

산타랠리란 크리스마스부터 신년 사이의 주간에 주가가 강세를 보이는 현상으로 크리스마스 직후 소비가 급증해 관련 기업의 매출이 증대되기 때문으로 분석된다.

1월효과란 1월의 주가상승률이 다른 달에 비해 상대적으로 더 높게 나타나는 현상으로 정부 정책이 1월에 발표되고 연초에는 대부분 낙관적인 경제 수치가 제시되며 투자심리도 고조되기 때문으로 풀이된다.

연휴효과는 연휴가 시작되기 전 거래일의 주가가 상승한다는 것이다.

산타랠리, 1월효과, 연휴효과는 모두 일종의 캘린더효과(calendar effect)로 뚜렷한 이유 없이 일정한 시기에 주가가 강세를 나타내는 계절적 이상현상(seasonal anomalies)으로 일컬어지기도 한다.

정답 ②

120 최근 유명 기업들의 주식 상장으로 공모주 청약에 대한 관심이 높아지고 있다. 다음 중 공모주에 대한 설명으로 옳은 것을 모두 고르면?

> ㉠ 상장일 상한가와 하한가를 결정하는 기준가격은 공모가다.
> ㉡ 주당 액면가는 100원 이상으로 정할 수 있다.
> ㉢ 인수 금융회사가 발행증권 미소화분을 인수하는 것을 모집주선(best effort)이라고 한다.
> ㉣ 공모주 청약을 받기 전 기관투자가에게 희망매수가격과 수량을 조사하는 것을 수요예측(book building)이라고 한다.
> ㉤ 일반투자자에 대한 공모주식 비율은 전체 중 20% 이상이다.

① ㉠, ㉡, ㉢

② ㉠, ㉢, ㉣

③ ㉠, ㉣, ㉤

④ ㉡, ㉢, ㉤

⑤ ㉡, ㉣, ㉤

해설

최근 삼성생명 등 대형 생명보험사 상장으로 공모주 청약에 40조 원이 몰리면서 공모주에 대한 관심이 뜨거워지고 있다.

상장 첫날 상·하한가 기준이 되는 가격은 공모가가 아닌 시초가가 된다. 주당 액면금액은 대개 500원 또는 5,000원이지만 최소 100원 이상으로 정할 수 있다. 공모주 배정은 우리사주조합에 20%, 일반투자자에 20% 이상 투자할 수 있으며 잔여분은 고수익 펀드나 기관투자가에게 배정할 수 있다.

수요예측이란 공모가격 결정에 중요한 역할을 하는 것으로 공모 전 기관투자가나 금융투자사를 대상으로 투자설명회 등을 실시한 후 희망매수가격과 수량을 조사하는 것을 말한다. 미납입된 청약분에 대해 인수 금융회사가 인수하는 것을 잔액인수(stand-by)라고 하며 모집주선이란 인수 기관이 유가증권 모집이나 매출에 대해 위탁은 받지만 발행예정증권의 미청약분에 대한 책임은 발행기관이 지는 것을 말한다.

정답 ⑤

121 코픽스(COFIX)를 기준금리로 하는 변동금리형 주택담보대출에 대한 수요가 늘고 있다. 다음 중 코픽스에 대한 설명으로 가장 거리가 먼 것은?

① 지수산출 대상의 자금조달 금융상품에 후순위채와 전환사채는 제외된다.
② COFIX는 9개 정보 제공 은행들이 제공한 자금조달 관련 정보를 기초로 하여 산출된다.
③ CD(양도성예금증서) 금리 연동 대출보다 시장금리 변화에 덜 민감하게 반응한다.
④ 금리는 3~12개월 기준으로 변동할 수 있으나 대부분 상품이 6개월 기준 변동이다.
⑤ 금리 상승기에는 대출자에게 '신규 취급 기준 COFIX'가 '잔액 기준 COFIX'에 비해 유리하다.

해설

코픽스(COFIX: cost of funds index)란 은행 자금조달 비용을 반영한 자금조달비용지수로 은행권에서 변동금리형 주택담보대출에 기준금리로 사용되었던 CD금리를 대체하는 금리로 활용되고 있다.

COFIX는 9개 정보 제공 은행들이 제공한 자금조달 관련 정보를 기초로 산출되며 은행들이 지수산출 대상 자금조달의 월말 잔액에 적용한 금리인 '잔액 기준 COFIX'와 월 중 신규로 조달한 지수산출 대상 자금에 적용한 금리인 '신규 취급 기준 COFIX'가 있다. 따라서 '잔액 기준 COFIX'는 '신규 취급 기준 COFIX'에 비해 시장금리 변동에 덜 민감하게 반응하므로 금리 상승기에는 유리하고 금리 하락기에는 불리하다.

CD금리 연동 대출상품에 비해서는 금리를 기간에 따라 누적 평균하므로 시장금리 변화에 따른 변동 폭이 더 작다고 할 수 있다. 지수 산출 대상 자금조달 금융상품에는 정기예금, 정기적금, 상호부금 등 은행 수신 중 수시입출식 예금을 제외한 저축성 예금과 후순위채, 전환사채를 제외한 시장형 금융상품 등 8가지가 포함된다.

정답 ⑤

122 최근 기업인수목적회사(SPAC: special purpose acquisition company)에 대한 관심이 높아지고 있다. 다음 중 SPAC에 대한 설명으로 가장 옳은 것은?

① 공모 시 주식 이외에 워런트도 발행할 수 있다.
② 개인투자자들과 스폰서의 공모가격은 동일하다.
③ 지분인수나 자산인수·합병 등 M&A 방식에 제한이 없다.
④ 공모 후 3년 이내에 기업인수를 하지 못하는 경우 해산되어야 한다.
⑤ 합병 전까지 공모자금의 90% 이상을 안전자산에 예치하여야 하므로 원금보장이 이루어진다.

해설

기업인수목적회사(SPAC)란 기업의 인수·합병(M&A)을 목적으로 설립되는 서류상의 회사로 기업공개(IPO)를 통해 개인투자자로부터 자금을 조달해 특정 기간에 비상장회사를 합병한다. 운영회사의 전문가가 성장성이 높은 비상장회사를 발굴해 M&A하고 투자자들은 주가가 상승하면 주식시장에서 주식매매를 통해 차익을 실현할 수 있다.

1990년대 이후 SPAC이 판매되고 있는 미국과 달리 한국은 이제 걸음마 단계로 미국 제도와는 상당한 차이를 보이고 있다. 일단 합병 결합 시한의 경우 미국은 공모 후 24개월인 데 비해 한국은 3년으로 기간이 비교적 길고, 공모 시 미국은 주식 이외에 워런트도 발행할 수 있지만 한국은 주식만을 발행하고 있다.

또한 M&A 방식도 미국은 제한을 두고 있지 않지만 한국은 합병방식만을 허용하고 있다. SPAC은 M&A가 성공하는 경우에만 수익을 창출할 수 있으므로 최근 공모나 매매 과열 현상에 주의가 필요하다.

합병이나 해산 전까지 공모자금의 90% 이상을 안전자산에 예치하여 원금보장을 추구하고 있으나 이는 공모주 투자자에게만 해당되며 개인투자자들은 발기인이라고 할 수 있는 스폰서에 비해 몇 배 이상의 공모가를 지불해야 한다.

정답 ④

123 최근 정부는 신용등급이 투기등급인 기업에 대해서도 자산유동화증권(ABS: Asset-Backed Securities)의 발행을 허용할 방침인 것으로 알려지고 있다. 다음 중 자산유동화증권에 대한 설명으로 가장 거리가 먼 것은?

① 신용도가 낮은 기업의 경우 ABS 발행을 통해 자금조달비용을 감소시킬 수 있다.
② 금융기관의 경우 ABS를 발행하면 BIS비율을 높일 수 있다.
③ ABS는 동일한 신용등급의 일반회사채에 비해 수익률이 낮다.
④ 기업의 경우 부외차입(off-balance sheet financing) 수단으로 활용할 수 있다.
⑤ 기초자산이 주택저당채권인 경우를 MBS(Mortgage-Backed Securities)라고 한다.

해설

자산유동화증권(ABS)이란 유동성이 낮은 보유자산을 기초로 하여 발행하는 증권을 의미한다. 자산유동화증권은 기초자산이 무엇이냐에 따라 주택저당채권의 경우 MBS, 은행의 대출채권의 경우 CLO, 신용카드 매출채권의 경우 CARD, 자동차 할부대출인 경우 오토 론(auto-loan) ABS로 불린다.

금융기관들은 ABS 발행을 통해 위험자산을 매각하여 현금화함으로써 BIS비율을 향상시킬 수 있다. 보유자산을 매각하여 자금을 재투자하는 과정의 반복을 통해 실제 주어진 자본금의 제약 없이 영업을 확대하는 차입투자효과도 얻을 수 있다. 기업 입장에서는 부채비율을 높이지 않고 자금을 조달할 수 있다. 즉, 기업이 채권을 발행해 자금을 조달하는 경우 현금이라는 자산과 함께 채권이라는 부채가 동시에 증가하는 반면 ABS를 발행하면 현금은 증가하지만 부채는 증가하지 않게 되어 부외차입 수단으로 활용할 수 있다.

신용도가 낮은 기업의 경우 우량자산을 기초로 하여 신용등급이 높은 ABS를 발행할 수 있어 자금조달비용의 감소도 추구할 수 있다. ABS의 수익률은 동일한 신용등급의 일반회사채의 수익률에 유동성 프리미엄을 덧붙이는 것이 일반적이다.

정답 ③

124 최근 초단기 매매자들의 불공정거래로 주식워런트증권(ELW) 투자에 대한 보다 신중한 접근이 필요한 것으로 나타나고 있다. 다음 중 ELW에 대한 설명으로 옳은 것을 모두 고르면?

㉠ 기본예탁금이 필요하다.
㉡ 콜ELW와 풋ELW가 있다.
㉢ 파생상품시장에서 거래된다.
㉣ 유동성공급업자(LP)가 존재한다.
㉤ 만기 전에 상장폐지되는 ELW도 있다.

① ㉠, ㉡, ㉢
② ㉠, ㉢, ㉣
③ ㉠, ㉣, ㉤
④ ㉡, ㉢, ㉤
⑤ ㉡, ㉣, ㉤

해설

ELW란 특정 주가 또는 주가지수의 변동과 연계해 미리 정해진 조건에 따라 만기 시 주권의 매매 또는 현금을 받는 권리가 부여된 유가증권을 일컫는다. ELW는 개별주식옵션 또는 주가지수옵션과 본질적인 특성은 동일하지만 유동성공급업자(LP)가 존재해 시장조성자 역할을 한다는 것이 가장 큰 차이점이다.

기초자산은 코스피200인 주가지수와 코스피100 또는 스타지수의 구성 항목으로 이루어진 개별주식이 있고, 권리 유형은 콜과 풋이 있다. 개별주식이나 주가지수옵션과 달리 거래하기 위한 기본예탁금이 필요 없고 거래소에 상장돼 유가증권시장에서 거래된다.

2010년부터는 일반 투자자를 보호한다는 측면에서 만기 전이라도 조건에 도달하면 상장이 폐지되는 조기종료ELW(KOBA: Knock Out Barrier Warrant)가 판매되고 있다.

정답 ⑤

Keyword

ETF(Exchange Traded Funds)

ETF는 코스피200, 코스피50과 같은 특정지수의 수익률을 얻을 수 있도록 설계된 지수연동형 펀드(index fund)다. ETF는 인덱스 펀드와는 달리 거래소에 상장돼 일반 주식처럼 자유롭게 사고 팔 수 있다. 최초의 ETF는 1993년 미국에서 만들어졌다. ETF는 인덱스펀드처럼 기초자산 지수에 따라 수익률이 달라진다. ETF를 기초로 만들어진 증권이 거래소에 상장되기 때문에 상장지수펀드로 불린다. 국내에 ETF가 도입된 건 2002년이다. ETF의 장점은 개별 종목이 아닌 종목을 모은 지수에 투자하기 때문에 투자자는 종목을 분석할 필요도 없고 ETF 한 종목으로도 분산투자 효과를 가질 수 있다는 점이다.

125 맞춤형 자산관리상품인 랩어카운트(wrap account)에 대한 투자 규모가 최근 빠른 속도로 늘어나고 있다. 랩어카운트에 대한 다음 설명 중 옳은 것을 모두 고르면?

㉠ 포트폴리오 현황을 수시로 조회할 수 있다.
㉡ 거래가 없으면 수수료를 내지 않는다.
㉢ 유사한 투자유형의 펀드보다 수익률 변동폭이 크다.
㉣ 동일 종목에 대해 전체 금액의 10% 이상을 투자할 수 있다.
㉤ 일임형 랩과 자문형 랩이 있으나 대부분 자문형으로 운영되고 있다.

① ㉠, ㉡, ㉢
② ㉠, ㉢, ㉣
③ ㉠, ㉣, ㉤
④ ㉡, ㉢, ㉤
⑤ ㉡, ㉣, ㉤

해설

랩어카운트란 증권사가 고객이 예탁한 자금을 고객의 투자성향에 맞게 주식, 채권, 펀드, 파생상품 등 여러 금융상품에 적절히 배분하여 운용하는 종합자산관리계좌를 말한다. 전문가가 자산을 운용한다는 측면에서 펀드와 유사하지만 한 종목에 10% 이상 투자할 수 없는 동일종목 투자한도의 제한을 받지 않아 소수 종목에 집중 투자할 수 있다는 게 차이점이다. 또한 포트폴리오 현황을 수시로 조회할 수 있고 판매수수료나 환매수수료는 원칙적으로 없다.

반면 소수 특정종목 위주로 투자가 이루어짐에 따라 수익률 변동폭이 크며 매매회전율이 높아 수수료가 높을 수 있다. 또한 거래가 없더라도 수수료를 내야 하며 자문형 랩의 경우 목표수익률을 달성하면 별도 성공보수도 지급해야 한다. 랩어카운트는 크게 일임형과 자문형으로 나뉘며 현재 판매되고 있는 랩어카운트의 95% 이상은 일임형으로 운영되고 있다.

일임형 랩은 증권사가 고객으로부터 투자에 대한 포괄적 권한을 받아 자산의 포트폴리오 구성과 운용을 모두 대행하는 반면, 자문형 랩은 증권사가 투자에 대한 조언과 자문만 하고 실제 주문은 고객이 직접 한다.

정답 ②

126 국내에도 조만간 역외헤지펀드가 아닌 국내법 적용을 받는 한국형 헤지펀드가 도입될 전망이다. 다음 중 헤지펀드에 대한 설명으로 옳은 것을 고르면?

> ㉠ 모집 방식은 공모로 이루어진다.
> ㉡ 목표수익률은 벤치마크 대비 초과수익률이다.
> ㉢ 개방형 펀드로 주기적으로 자금 인출이 가능하다.
> ㉣ 공매도나 차입 투자 등을 통해 펀드를 운영할 수 있다.
> ㉤ 주식·채권뿐 아니라 파생상품이나 실물 등에도 투자한다.

① ㉠, ㉡, ㉢　　② ㉠, ㉡, ㉣　　③ ㉠, ㉣, ㉤
④ ㉡, ㉢, ㉤　　⑤ ㉢, ㉣, ㉤

해설

헤지펀드란 금융시장 규제에서 벗어나 소수 자산가 또는 기관투자가들을 대상으로 자금을 모집하여 고위험을 감수하고 절대수익률을 추구하는 펀드를 일컫는다. 금융위원회가 최근 관련 규제를 정비해 국내 법에 따라 설립되는 한국형 헤지펀드를 곧 도입하기로 함에 따라 헤지펀드에 대한 관심이 높아지고 있다. 헤지펀드는 통상적인 펀드에 부과되는 차입이나 공매도에 대한 규제를 받지 않아 다양한 투자전략을 시행할 수 있고 주식·채권뿐 아니라 파생상품이나 실물 등 투자 대상도 확대할 수 있다는 특징을 가지고 있다. 또한 주기적 자금 인출이 가능한 개방형으로 운영되고 있으며 목표수익률은 시장 흐름과 관계없는 절대수익률을 추구한다. 운용보수와 성과보수가 부과되고 모집 방식은 사모로 이루어지며 투자기간은 통상 단기다.

정답 ⑤

127 최근 주식시장이 활황을 보이면서 펀드에 대한 관심이 다시 높아지고 있다. 다음 중 펀드에 대한 설명으로 옳은 것끼리 짝지은 것은?

> ㉠ 모자(母子) 펀드의 경우 일반투자자는 모 펀드를 구입할 수 있다.
> ㉡ 엄브렐러 펀드에서 하위 펀드 간 전환할 때 별도 수수료가 없다.
> ㉢ 적립식 펀드란 상품 명칭이 아닌 투자의 자금납입 방법을 의미한다.
> ㉣ 주식형 펀드의 환매 시 기준가는 환매신청일 당일의 기준가다.

① ㉠, ㉡ ② ㉠, ㉣ ③ ㉡, ㉢ ④ ㉡, ㉣ ⑤ ㉢, ㉣

해설

모자 펀드란 여러 개 자 펀드에서 자금을 모아 모(母) 펀드로 운영하는 것으로 일반투자자는 자(子) 펀드만 구입할 수 있다. 엄브렐러 펀드란 한 개의 펀드 안에 주식형, 채권형, 인덱스형 등 다양한 펀드를 하위펀드로 구성하여 시장상황에 따라 펀드 가입자가 별도 수수료 없이 비중 조절을 통해 수익을 창출할 수 있는 펀드다.

적립식 펀드란 펀드의 상품 명칭이 아닌 투자의 자금납입 방법을 의미하는 것으로 일정 기간에 일정 금액 또는 좌수를 정하여 매월 저축하는 정액적립식과 일정 기간에 금액에 제한 없이 수시로 저축하는 자유적립식 등 두 가지 방식이 있다.

펀드의 기준가는 전일의 시장종가를 반영하여 결정되므로 환매 시 가격은 환매신청일의 시장종가를 반영한 익일의 기준가가 된다. 선취수수료나 후취수수료의 징구 여부를 펀드 이름 다음에 알파벳을 병기해 펀드 이름만으로 수수료 형태를 알 수 있는 멀티클래스 펀드도 있다.

정답 ③

128 많은 기업들이 새해를 맞아 새롭게 구성된 경영진을 중심으로 새 출발을 다짐한다. 최고경영진을 구성하는 특성이 기업의 전략적 의사 결정에 미치는 일반적인 영향에 대한 예측으로 가장 타당한 것은?

① 성장 배경이 유사한 사람들로 구성된 경영진일수록 의사 결정 속도가 느릴 것이다.
② 경영진이 보유하고 있는 자사 주식이 많을수록 기업 가치와 무관한 확장을 선호할 것이다.
③ 교육 수준이 높은 사람들로 구성된 경영진일수록 공격적인 인수·합병(M&A)을 선호할 것이다.
④ 마케팅 전문가가 많이 포함되어 있는 경영진은 생산 공정보다 제품 개발 측면의 혁신을 강조할 것이다.
⑤ 회사에서 근무한 기간이 긴 사람들로 구성된 경영진일수록 적극적으로 신규 사업 진출을 추진할 것이다.

해설

기업도 사람으로 구성된 조직인 만큼 주요 의사 결정자들의 사회적·심리적 특성을 좌우하는 연령, 전공, 출신 지역, 성장 과정, 전문 분야 등이 기업의 전략적 선택에 직·간접적으로 영향을 미치게 된다.

도널드 햄브릭 교수 등이 주창한 상위계층이론(upper echelons theory)은 CEO를 포함한 최고경영진을 함께 일하는 한 팀(top management team)으로 보고, 그 구성적 특성을 바탕으로 기업 행태를 예측하거나 경영진을 재구성하는 데 활용할 수 있다고 본다.

마케팅 전문가는 연구개발이나 제조·생산 관련 전문가에 비해 고객이나 시장에 대한 지식과 정보를 많이 갖고 있어 투입물(예: 생산공정)보다는 산출물(예: 신제품)에 초점을 맞추어 기업 성과를 높이려는 성향을 갖는다. 동질적인 성장 배경을 갖고 있는 경영진은 관점이나 사고방식이 비슷하고 의견차가 크지 않아 의사 결정 속도가 빨라지는 경향이 있다. 경영진의 주식 보유는 재직 기업에 대한 주인의식을 높여 주주가치 중심 경영을 도모하는 효과가 있다.

한 회사에 근무하는 기간이 길어지면 새로운 도전보다는 기존 방식에 더 충실하려는 성향을 나타내는 사례가 많다. 교육 수준과 인수·합병(M&A) 선호 경향 간에는 특별한 관계가 있다고 보기 어렵다.

정답 ④

129 한 글로벌회사 임원들은 최근 글로벌 인사관리 정책에 대한 개선방안을 논의했다. 임원들의 주장에 대한 설명으로 가장 옳지 않은 것은?

> 임원 A: "해외법인의 주요 관리직에는 모두 본사 직원을 파견합시다."
> 임원 B: "본사에서 파견하는 주재원은 최소화하고 해외법인의 주요 직책은 그 나라 사람에게 맡깁시다."
> 임원 C: "본사든 해외법인이든 주요 직책을 국적에 상관없이 전체 회사에서 가장 적합한 사람에게 맡깁시다."

① A의 정책은 본사 주도 아래 글로벌 전략을 효율적으로 추진하는 데 유리하다.
② A의 정책은 글로벌 거점 간 정보와 역량의 원활한 이전에 차질을 빚을 수 있다.
③ B의 정책은 현지국의 특수한 문화를 반영해 전략을 수립하는 데 유리하다.
④ B의 정책은 문화장벽으로 인해 본사와 해외법인 간 관계가 약해질 우려가 있다.
⑤ C의 정책은 인재관리를 가장 효과적으로 할 수 있으나 비용이 많이 든다.

해설

임원 A의 주장은 민족중심적(ethnocentric) 인사정책으로 본사의 경영정책과 기업문화에 익숙한 관리자를 많이 파견했던 과거 일본, 한국계 대기업들의 예가 대표적이다.

임원 B의 주장은 다국중심적(polycentric) 인사정책으로 편협적인 문화관을 극복하고 주재원 파견비용을 줄일 수 있는 반면, 본사와 자회사 간의 유기적 소통이 저해될 수 있다.

임원 C의 주장은 세계중심적(geocentric) 인사정책으로 국적에 관계없이 인재를 발굴하여 적재적소에 배치할 수 있는 반면, 각국의 까다로운 이민정책 등으로 이주 및 교육에 높은 비용이 수반될 수 있다.

정답 ②

130 기업 인수·합병(M&A)의 전략적 목적을 당사자 기업들이 속한 업종 간 관계에 따라 분류하면 수직 계열화, 수평적 통합, 관련형 다각화, 비관련형 다각화 등으로 나눌 수 있다. 아래와 같은 업종의 회사들 간에 M&A가 일어났을 때 각각 전략적 목적과 가장 타당하게 짝지은 것은?

	수직계열화	수평적 통합	관련형 다각화
①	종합상사+식품회사	LCD회사+유리회사	자동차회사+철강회사
②	건설회사+제약회사	은행+은행	제지회사+화장품회사
③	식품회사+보험회사	조선회사+조선회사	통신회사+항공사
④	항공사+여행사	반도체회사+제약회사	건설회사+건설회사
⑤	철강회사+조선회사	제약회사+제약회사	은행+카드회사

해설

수직 계열화는 전후방으로 연관된 산업 간 결합으로, 원자재·부품의 안정적인 확보, 고정적인 판매처 보유 등을 통해 경영의 불확실성을 낮추는 효과를 기대할 수 있다. 그러나 자칫하면 조직이 나태해지고 방만하게 경영될 수 있으며, 특정 사업부나 계열사 부실이 조직 전체에 위기를 초래할 수 있다.

수평적 통합은 같은 업종에 있는 기업 간 결합을 통해 규모의 경제나 시장지배력 등을 증대시킬 수 있다. 반면 조직 비대화에 따른 관료주의나 자원 중복 등이 성과를 저해할 수 있고 시장 경쟁을 저해하는 소지가 있으면 당국에서 제재를 받을 수도 있다. 관련형 다각화는 인수(합병) 기업과 피인수(피합병) 기업 간에 공급망, 연구개발, 생산기술, 고객 기반, 유통망 등에서 시너지 효과 창출 여지가 있다고 판단될 때 종종 추진된다.

정답 ⑤

131 환경 불확실성과 경쟁 심화가 가속화됨에 따라 기업이 지속적으로 성장하기 위해서는 핵심역량을 발굴하고 강화해야 한다는 인식이 확산되고 있다. 다음 중 기업이 핵심역량으로 여길 만한 특성으로 가장 적합하지 않은 것은?

① 특정 부서가 아닌 회사 전체에 오랜 기간에 걸쳐 축적된 조직문화
② 현재 성과뿐 아니라 미래사업 전개에도 기틀이 될 수 있는 연구개발 능력
③ 여러 제품에 공통적으로 활용이 가능해 다양한 시장에 진출 가능하게 해주는 원천기술
④ 기업 성과에 기여하고 메커니즘이 명료하여 누구든 쉽게 이해할 수 있는 고객관리 시스템
⑤ 마케팅, 연구개발, 생산, 물류, A/S 등 여러 활동을 원활하게 조정할 수 있는 경영진

해설

현재 성과가 아무리 뛰어난 기업이라도 다른 기업에 비해 차별적인 우위를 누릴 수 있게 해주는 핵심역량이 뒷받침되지 않으면 중장기적으로 발전을 지속하기 어렵다. 핵심역량은 외부시장에서 조달하기 어려운 기업 고유의 자원 및 능력으로, 다양한 제품이나 서비스에 활용 가능하고, 오랜 기간에 걸쳐 축적되며, 현재뿐 아니라 미래 성과에도 효과적으로 활용 가능한 것일수록 기업 성과에 더 긍정적으로 공헌할 수 있다.

또한 가치사슬상 한두 가지 활동 영역에서 뛰어난 것도 중요하지만 여러 활동을 조정해 전체 시스템이 유기적으로 작동할 수 있게 하는 경영능력도 중요하다.

우량 기업의 특정 관행이 성과에 기여하는 인과관계가 명확할 경우, 경쟁사에 의한 벤치마킹과 모방도 용이하기 때문에 지속적으로 핵심역량으로서의 가치를 유지하기 어렵다.

정답 ④

Keyword

기업의 가치사슬(value chain)

마이클 포터 하버드대 교수가 주창한 개념으로 기업이 원재료를 사서 가공·판매해 부가가치를 창출하는 일련의 과정을 뜻한다. 가치사슬은 크게 지원부분과 운영부분으로 나눌 수 있다. 운영부분은 조달에서부터 생산, 판매에 이르는 부가가치를 생산하는 부분이며, 지원부분은 연구개발, 재무, 인사와 같이 직접적으로 부가가치를 창출하지는 않아도 이를 창출할 수 있도록 하고, 더욱 높은 가치를 창출하는 방법을 제시하는 부분이다. 기업 내부에서 이루어지던 가치사슬이 인터넷의 등장으로 해체가 가속화되면서 네트워크를 통한 아웃소싱이 활발해지고 있다.

132 다음 그래프는 기업 성장과 환경보전의 상충(trade-off)적 속성을 나타낸 것이며, α는 현재 기술 수준에서 가능한 최대 효율곡선이다. 이에 대한 설명으로 가장 적합하지 않은 것은?

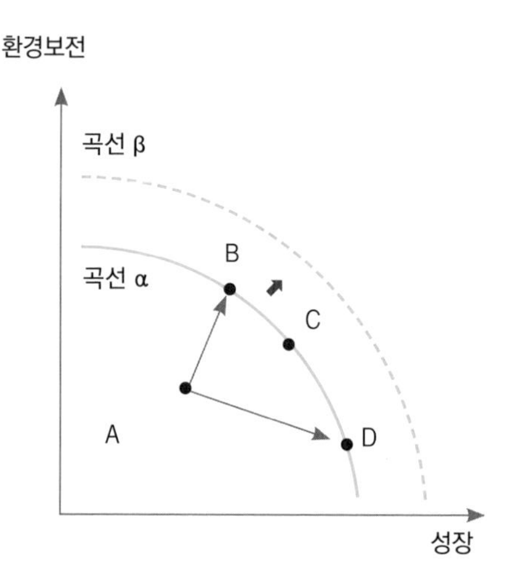

① A에서 B로의 이동은 효율성 개선을 의미한다.
② 기술혁신은 효율곡선 α를 β로 움직일 수 있다.
③ A에서 D로의 이동은 환경보전과 성장이 동시에 달성되는 경로다.
④ B에서 C 또는 D로의 이동은 환경보전을 일부 희생하고 성장을 추구하는 경우다.
⑤ α에서 β로의 효율곡선 확장은 성장과 보전 가운데 하나를 희생하지 않고 다른 하나를 증진시킬 여지를 높인다.

해설

어떤 기업이 A의 상황에 있다는 것은 현재 효율성이 낮은 상태다. 예컨대 A에서 B로 이동하면 성장이나 환경보전 양 측면에서 모두 개선이 가능하다. 더 효율적인 오염배출 장치나 자원 재활용을 통해 성장과 환경보전을 모두 증진시키는 경우다. 기업이 α와 같은 효율곡선상에 있다면 이미 효율성은 극대화되어 있어 B에서 C로의 이동은 성장을 위해 환경보전을 일부 포기해야 가능하다.

A에서 D로의 이동은 성장은 실현되지만 환경보전은 오히려 희생되는 경우다. 기술혁신은 효율곡선 자체를 원점에서 더 멀리 이동시키는 힘으로 작용하여, 성장과 환경보전의 상충 관계를 극복할 수 있는 기반을 제공한다.

정답 ③

133 반도체나 디스플레이 산업은 주기적으로 공급 과잉과 부족 현상을 반복하는 전형적인 장치산업이다. 이러한 산업에서 기업의 수익 사이클을 나타낸 아래 그래프에 대한 설명 중 옳지 않은 것은?

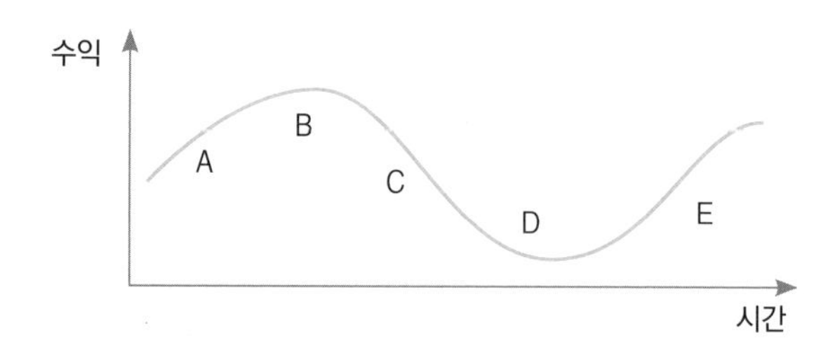

① A: 제품에 대한 수요가 증가하면서 생산 설비 확대와 투자 활성화

② B: 활발한 수요를 충족시킬 수 있는 수준으로 공급이 늘어나고 기업 수익 극대화

③ C: 경기 침체나 생산설비 과잉으로 공급이 수요보다 많아지면서 제품 가격이 떨어짐

④ D: 생산설비에 많은 투자를 했던 기업 수익성이 악화되면서 신규로 진입하는 기업들이 늘어남

⑤ E: 제품 수요가 회복되면서 기업들의 설비 투자가 다시 늘어남

해설

반도체나 디스플레이 산업은 대규모 생산설비를 기반으로 한 B2B 산업이다. 가전, PC, 휴대폰 업체 등 전방에 있는 수요처에서 경기에 따라 물량 구매를 급격히 조절하면 반도체나 디스플레이의 공급 과잉 혹은 부족을 초래하기 일쑤다.

또한 업체들이 수요와 가격 상승 국면에서는 경쟁적으로 설비를 확장하여 매출과 수익성 증대를 꾀하지만, 경기 침체와 공급 과잉에 의한 가격 하락 국면에서는 설비 투자의 후유증으로 문을 닫는 기업이 속출하곤 한다.

경쟁력이 취약한 기업들이 퇴출되고 이후 수요가 회복되면 다시 제품 가격이 상승하고 이에 따라 산업의 수익성이 호전되며 신규 기업 진입이나 기존 기업의 투자도 늘어난다.

정답 ④

134 아래 그래프는 기존 기술A의 점진적 개선과 새로운 기술B의 등장에 따른 급진적 혁신을 나타낸 것이다. 이에 대한 설명으로 가장 적절하지 않은 것은?

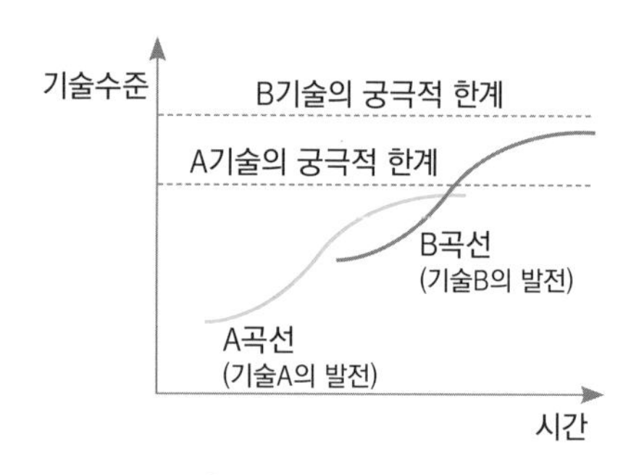

① A곡선 안에서의 상승은 점진적 연구개발을 통해 가능하며, 이는 낮은 위험과 적은 보상이라는 특징을 갖는다.
② A를 대체하는 B기술의 개발과 같은 급진적 혁신은 중소벤처기업보다 대기업에서 쉽게 이루어질 수 있다.
③ A나 B곡선 상에서는 점진적 기술혁신을 통해 성능 향상이 가능하지만 궁극적으로는 기술적 한계를 지닌다.
④ B와 같은 새로운 혁신기술은 기존 기술의 강력한 대체재가 되어 경쟁환경 변화에 중요한 변수로 작용할 수 있다.
⑤ A곡선에서 B곡선으로 이동하는 것은 급진적 연구개발을 통해 가능하며 높은 위험과 높은 보상이라는 특징을 갖는다.

해설

급진적 연구개발은 특정 사업목적을 달성하기 위해 큰 위험부담을 감수하고 기업 내부 또는 외부에서 새로운 지식을 창안하는 것을 뜻한다. 실패에 수반될 수 있는 높은 위험을 감수해야 하나 성공했을 경우 높은 보상을 받는 특징이 있다. 새로운 시도를 하는 데 있어 인력, 시스템, 파트너 등 사업의 유연성에서 뛰어난 벤처 및 중소기업이 상대적으로 급진적 연구개발에 유리한 특성을 갖고 있다.

정답 ②

135 특정 기업의 사업부들을 산업성장률과 시장점유율에 따라 배치한 아래 그림에서 A에 해당하는 사업부에 대한 전략적 판단으로 가장 타당한 것은?

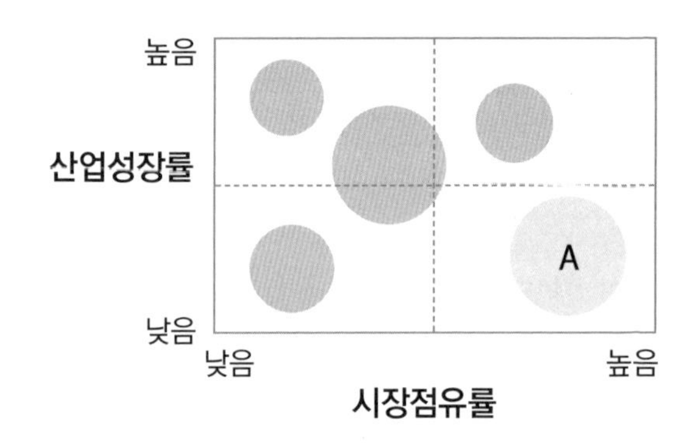

① 점진적으로 사업 철수
② 공격적인 기술개발 투자
③ 납품업체를 압박하여 원가 절감
④ 경쟁사의 동향을 주시한 후 대처
⑤ 현금 창출을 극대화해 차세대 사업 육성에 사용

해설

다수의 사업을 영위하는 기업에서는 사업부별 전망과 성과에 따라 자원을 적절히 배분하는 전략적 의사결정이 대단히 중요하다. BCG 매트릭스는 보스턴 컨설팅 그룹이 일찍이 고안한 산업별 성장성과 자사의 시장점유율이라는, 간단하면서도 중요한 두 지표를 바탕으로 사업 포트폴리오를 관리하는 틀로 사용되고 있다. 그림에서 A사업부의 경우 성장세는 둔화돼 있지만 이 기업이 지배적인 시장점유율을 유지하고 있어 이익 창출의 주요 원천이 되는 소위 '캐시카우(cash cow)'에 해당한다. 이런 사업에서는 기대효과가 낮은 기술개발 등에 투자하기보다는 기존의 시장지배력을 십분 활용한 매출 극대화로 현금흐름을 증대시키고 이를 그림 상단에 있는 성장 산업군에 투입하는 것이 바람직하다.

정답 ⑤

Keyword

BCG매트릭스

세계적인 컨설팅 기업인 BCG에 따르면 기업의 다양한 포트폴리오는 4분면의 매트릭스로 설명할 수 있다. 이 매트릭스는 비교우위를 설명하기 위해 상대적 시장점유율이 사용됐으며, 성장률을 설명하기 위해 판매량 증가가 이용됐다. 캐시카우는 이 분석 틀에서 핵심적인 부분을 차지하며 포트폴리오 재편의 기본 전제가 된다. 캐시카우는 수익창출원, 즉 확실히 돈벌이가 되는 상품이나 사업을 의미한다. 시장 성장률은 낮으나 현재 시장점유율이 높아 계속적으로 현금을 발생시키는 사업부문이다. 시장점유율이 높은 고성장 사업은 '별'이다. 이러한 사업은 그 자체만으로 잉여 현금을 창출할 수도 있고 그렇지 못할 수도 있다. 그러나 계속 선두의 위치를 유지한다면 성장이 둔화되고 재투자 수요가 줄어 상당한 현금을 창출할 수 있다. '물음표'는 시장점유율이 낮은 고성장 사업을 일컫는다. 현금이 공급되지 못할 경우 '물음표'에 해당하는 사업은 사양길에 접어들게 된다. 마지막으로 시장점유율이 낮은 저성장 사업은 '개'로 분류된다. 이 사업은 현금화 측면을 제외하고는 근본적으로 가치가 없다고 볼 수 있어 포트폴리오에서 불필요한 사업이다.

136 인수·합병(M&A)은 '시너지 효과'와 '승자의 저주'를 가져다 주는 야누스의 얼굴을 갖는다. M&A의 장점으로 올바르게 짝지어진 것은?

㉠ 모기업 현금흐름이 악화되는 위험의 분산 가능
㉡ 기존 거래처 및 영업망 확보로 손쉬운 시장 진출
㉢ 규모의 경제나 범위의 경제를 활용할 기회 제공
㉣ 조직문화 통합에 대해 신설 투자보다 적은 부담

① ㉠, ㉡
② ㉠, ㉣
③ ㉡, ㉢
④ ㉡, ㉣
⑤ ㉢, ㉣

해설

일반적으로 M&A는 둘 이상의 기업이 법률적으로 하나의 기업이 되는 것과 다른 기업의 주식이나 자산을 전부 또는 일부를 매입해 경영권을 획득하는 두 가지 경우를 의미한다.

M&A는 크게 우호적인 M&A와 적대적인 M&A로 나눌 수 있다. 우호적 M&A는 목표 기업과 전략적인 합의를 통해 이뤄지지만 적대적 M&A는 목표기업 의사에 반해 위임장 대결을 하거나 주식을 공개적으로 시장가보다 높게 구매해 최대주주가 되는 공개매수 등에 의한 방법을 말한다.

일반적으로 M&A는 다양한 장점이 있다. 우선 기업이 M&A에 성공할 경우 단시간에 새로운 시장에 진출할 수 있게 된다. 기업이 새로운 시장에 진출하려면 여러 요소가 필요하다. 브랜드, 명성, 제품을 모두 알려야 하고 공장도 설립해야 하며 많은 시간과 자본이 필요하다. 하지만 사업 영역을 확보한 기존 기업을 M&A하면 시장 진출에 필요한 시간을 크게 줄일 수 있다. 뿐만 아니라 기존 사업과 시너지 효과가 있는 분야를 M&A해 기존 사업도 강화할 수 있다. 예를 들어 한 전자회사가 세계적인 마케팅·리서치회사를 인수하면 이 전자회사는 리서치회사의 마케팅 능력을 이용해 판매를 극대화할 수 있다.

그러나 M&A에는 단점도 존재한다. 우선 모기업의 자금 사정을 무시한 채 무리한 M&A를 추진할 경우 모기업이 부실해질 위험이 있다. 금호그룹의 대우건설 인수는 무리한 M&A가 그룹 전체를 위험에 빠뜨리는 이른바 '승자의 저주'의 대표적 사례로 꼽을 수 있다.

최근 CJ가 치열한 인수전을 통해 대한통운을 인수했음에도 주가가 인수 후 이틀 동안 20% 가까이 하락한 것은 CJ가 제시한 인수가격이 피인수 기업의 적정 가격보다 더 높다는 분석이 있었기 때문이다.

또 다른 단점으로는 피인수된 조직을 성공적으로 기존 조직에 통합시키는 작업이 결코 쉽지 않다는 것이다. 자칫 통합에 실패해 경영 노하우와 역량이 있는 피인수 기업의 핵심 인재들이 조직에서 이탈한다면 추진했던 M&A 자체가 무의미해질 수 있다. 이로 인해 최근 피인수 기업과의 인수 후 통합이 인수 자체보다 더 중요한 문제로 부상하고 있다.

정답 ③

137 대한통운, 하이닉스, 외환은행 등 국내 유수 기업들에 대한 인수·합병(M&A)이 최근 화두로 떠오르고 있다. 아래 보기 중 일반적으로 M&A를 추진하는 기업이 취해야 할 태도로 옳은 것을 모두 고르면?

> ㉠ 피인수 기업과 창출할 시너지를 너무 낙관적으로 평가하지 않아야 한다.
> ㉡ 피인수 기업과 통합하는 데 소요될 비용을 M&A 추진 전부터 감안해야 한다.
> ㉢ 우량 기업이 매물로 나오면 가격에 상관 없이 인수경쟁에서 승리해야 한다.
> ㉣ 피인수 기업 가치는 다양한 자료와 의견을 바탕으로 객관적으로 평가해야 한다.

① ㉠, ㉢　　② ㉡, ㉣
③ ㉢, ㉣　　④ ㉠, ㉡, ㉢
⑤ ㉠, ㉡, ㉣

해설

동일 기업을 M&A하려는 기업들 간 경쟁은 인수가격을 높이는 요인이 되므로, 아무리 우량 기업이라 하더라도 지나치게 높은 가격으로 인수하지 않도록 자제해야 한다. 인수·피인수 기업 간 시너지 창출은 적지 않은 비용을 수반하는 때가 많으므로 사전에 이에 대해 충분히 고려하고 예측할수록 인수 후 후유증을 줄일 수 있다.

정답 ⑤

138 둘 이상 기업들이 서로 협동을 통한 공통된 목표 또는 공통의 이익을 효과적으로 달성하기 위한 전략을 통틀어 전략적 제휴(alliance)라고 한다. 많은 기업이 전략적 제휴를 추구하고 있는데 그 이유와 가장 거리가 먼 것은?

① 새로운 시장 진입의 도구로 사용할 수 있다.
② 개발이나 제조에 관련된 비용을 줄일 수 있다.
③ 파트너가 가지고 있는 기술이나 경영방식을 배울 수 있다.
④ 파트너가 기업의 지식을 빼내가려는 의도를 예방할 수 있다.
⑤ 인수·합병을 결정하기 전 전략적 제휴를 통해 파트너가 가진 기술이나 노하우를 좀 더 정확히 이해할 수 있다.

해설

전략적 제휴를 할 때 가장 큰 문제 중 하나가 바로 파트너의 기회적 행동이다. 기회적 행동이란 파트너가 본인들의 중요 지식이나 기술은 공유하려 하지 않고 상대방 기업의 지식이나 기술을 얻어가기 위해 하는 행동 등을 통틀어 말한다. 예를 들어 삼성과 애플은 전략적 제휴를 하고 있었지만 서로 간 이익을 위해 현재는 법정에 서 있는 상태다. 그래서 전략적 제휴를 통해 성공하지 못할 것 같으면 기업들은 전략적 제휴보다는 직접 개발 또는 M&A(인수·합병)를 통해 필요한 것을 얻는다. 각 기업이 이득의 크고 작음에 따라 '늘' 기회적인 행동이 가능하기 때문에 예측·예방이 거의 불가능하다.

정답 ④

139 최근 많은 기업이 전기차 개발에 큰 관심을 쏟고 있다. 글로벌 자동차 회사들은 세 가지 종류의 전기차 중 무엇을 주력으로 삼을지 고민 중이다. 이 같은 상황에서 위험을 줄이고 미래 시장을 놓치지 않을 가장 합리적인 방안은?

① 기술 개발 투자비가 가장 적은 분야를 선택하여 집중
② 가장 낮은 수준의 전기차인 HEV 개발을 주력으로 선택
③ 기술을 선점하기 위해 100% 자기자본으로 PHEV 개발에 투자
④ 전기자동차를 주력으로 삼는 신흥 기업들과 전략적 제휴
⑤ 불확실성이 정리되고 기술 표준이 확립될 경우 투자 시작

해설

친환경 기술이 점차 모든 산업에 주요 이슈로 부상하면서 자동차 산업에서도 환경 친화적인 전기자동차가 큰 관심을 받고 있다. 저속에는 전기 배터리를, 고속에는 가솔린을 사용하는 HEV(하이브리드차), 구동 방식은 HEV와 유사하나 배터리를 재충전해 다시 쓸 수 있는 PHEV(플러그인 하이브리드차), 100% 전기의 힘만으로 고속 장거리 주행이 가능한 BEV(배터리 전기차). 그러나 전기차 개발에 관심이 높아질수록 세 가지 중 어느 것을 주력으로 할지 자동차 회사의 선택도 어려워지고 있다.

이런 상황에서 글로벌 자동차 기업들은 어떤 전략을 펼쳐야 하는가?

미래를 위한 큰 투자가 실패하게 되면 기업은 큰 부담을 안기 때문에 기업의 투자 의사 결정에는 치밀한 전략적 사고가 필요하다. 일반적으로 기업은 투자 의사 결정 때 여러 대안을 검토한 후 가장 높은 수익을 내는 방안을 선택한다. 확실성이 높으면 선택과 집중이 가장 좋은 선택이고 의사 결정도 어렵지 않다. 그러나 불확실성이 높은 경우 의사 결정이 쉽지 않다. 예상치 못했던 기술이나 제품이 산업 표준으

로 부상할 수도 있다. 만약 대비하지 않은 기술이 산업 표준이 된다면 기업은 시장에서 순식간에 뒤처질 수 있다.

이처럼 전기차나 IT 분야 등 산업 환경의 불확실성이 높으면 기업은 리스크가 높은 단독 투자나 인수·합병(M&A)보다는 지분 출자나 전략적 제휴와 같이 상대적으로 낮은 수준의 관여부터 시작해가는 '리얼 옵션(real option)' 형태의 단계적 전략을 고려할 필요가 있다. 즉, 리얼 옵션은 하나의 대안을 선택해 투자하는 것이 아니라 복수의 대안에 소규모로 투자하는 것을 말한다. 기업은 대안마다 최소한의 역량과 기술을 확보하면서 시장 흐름에 뒤처지지 않도록 해야 한다.

따라서 전기차 개발 시 위험을 줄이고 미래 시장을 놓치지 않을 합리적인 전략은 우선 전기자동차를 주력으로 삼는 신흥 기업이나 전기차에서 가장 핵심인 배터리 제조기업과 전략적 제휴를 강화하는 것이다. 이는 기존 자동차 회사들이 100% 자기자본만으로 전기차 개발에 뛰어들면 리스크가 매우 크지만 신흥 기업과 함께 개발할 때 리스크를 나누면서 미래 시장 선점 경쟁에서도 뒤처지지 않는 효과를 기대할 수 있기 때문이다.

정답 ④

140 한 산업에서 특정 국가의 기업들이 갖는 글로벌 경쟁력의 원천에 대한 설명으로 가장 적합하지 않은 것은?

① 소수의 거대 기업이 내수시장을 독과점할수록 글로벌 경쟁력은 높아진다.
② 기술인력의 수준이 높을수록 글로벌 경쟁력은 높아진다.
③ 원자재를 공급하는 자국 업체들이 튼튼할수록 글로벌 경쟁력은 높아진다.
④ 내수시장의 소비자들이 기업에 대해 소극적으로 행동할수록 글로벌 경쟁력은 낮아진다.
⑤ 생산 제품에 대한 내수시장 규모가 작을수록 글로벌 경쟁력은 낮아진다.

해설

하버드대의 마이클 포터 교수는 글로벌 시장에서 국가별 경쟁력 차이가 어디서 비롯되는가에 대한 연구 결과를 바탕으로 국가경쟁력 모델을 제시했다.

예컨대 한국의 반도체·조선, 미국의 소프트웨어, 일본의 자동차, 영국의 금융 산업 등이 전 세계적으로 경쟁력을 갖는 요인을 추려낸 것이다. 포터 교수의 모델은 부존생산요소, 수요조건, 연관 및 지원 산업, 기업의 전략·구조·경쟁 등 크게 네 가지 요인으로 구성돼 있어 흔히 '다이아몬드 모델'로도 불린다. 즉 특정 재화의 생산에 필요한 유·무형 자원이 풍부할수록, 해당 재화에 대한 자국 수요가 많다.

또한 소비자들이 까다로울수록, 수평적으로 연관된 보완재 생산업체나 전후방에서 지원하는 공급·유통업체가 견실할수록 그 산업의 글로벌 경쟁력이 높아질 것이라는 시각이다.

해당 산업을 영위하는 기업들 자체도 당연히 중요한 요인이 된다. 전략과 경영역량이 뛰어난 기업들이 자국 시장에서 치열하게 선의의 경쟁을 벌일수록 글로벌 경쟁력이 증대된다고 본다.

정답 ①

Keyword

마이클 포터의 다이아몬드 이론

포터 교수의 경쟁 이론을 논할 때 빼놓을 수 없는 것이 바로 다이아몬드 이론으로 통하는 '국가 경쟁우위론(the competitive advantage of nations)'이다. 그가 정의하는 국가경쟁력은 국가 생산성이다. 포터 교수는 국가 생산성을 높이기 위해 필요한 4가지 요소로, 요소조건(factor conditions), 수요조건(demand conditions), 관련 및 지원 산업(related and supporting industries), 기업의 전략, 구조 및 경쟁(firm strategy, structure and rivalry)이라고 주장한다. 요소조건이란 천연자원, 노동력, 사회자본, 지식 등 생산에 필요로 하는 요소를 말한다. 수요조건은 국내 기업들이 생산하는 제품이나 서비스의 국내 수요를 뜻한다. 한 국가가 어떤 사업에서 경쟁우위를 갖게 되는 것은 국내 소비자들이 구매성향 변화를 기업에 빨리 전달함으로써 기업이 외국 경쟁자들보다 빨리 혁신하고 보다 높은 수준의 경쟁우위를 갖도록 압력을 가하기 때문이다. 또 한 국가에서 강한 경쟁력을 보이는 산업은 관련 혹은 지원 산업 역시 경쟁력을 갖는 경우를 자주 볼 수 있다.

〈마이클 포터의 다이아몬드모델〉

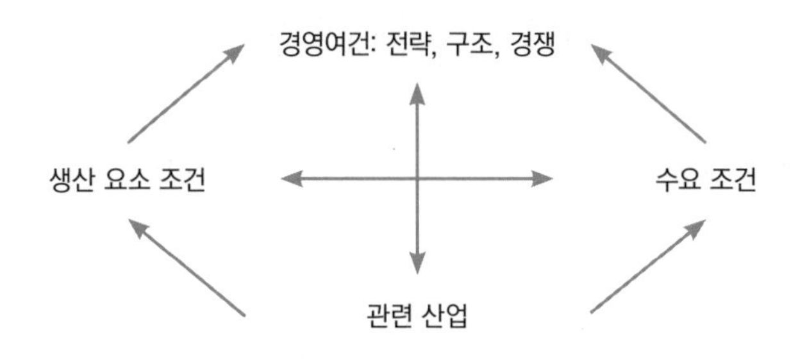

141 2010년 남아공월드컵은 대한민국 축구팀이 원정 첫 16강의 쾌거를 이루어낸 축제의 한마당이었다. 월드컵에서 선수들이 축구 전쟁을 벌이는 동안 세계적 기업들은 스포츠마케팅 전쟁을 치렀다. 다음 중 스포츠마케팅의 전략적 활용에 대한 설명과 가장 거리가 먼 것은?

① 기업은 스포츠마케팅을 통해 회사 및 회사 제품의 인지도를 높이고 이미지를 개선하거나 유지하고자 한다.
② 스포츠가 관중을 몰입시키는 힘을 갖고 있고, 그것을 바탕으로 기업에 대한 신뢰를 높이는 데 효과적으로 사용될 수 있다.
③ 자사 제품 광고에 특정 선수를 등장시키는 것은 스포츠마케팅의 직접 사업에 속하고, 행사비용을 부담해 행사타이틀을 사용하고 기업광고를 게재하는 것은 간접 사업에 속한다.
④ 스포츠마케팅은 일차적으로는 커뮤니케이션 효과를 얻기 위한 목적을 갖고 있으나, 최종적으로는 제품 판매의 확대가 목표다.
⑤ 스포츠마케팅의 장점 가운데 하나는 다른 마케팅 수단에 비해 거부감을 덜 초래하면서 자연스럽게 대중에게 받아들여질 수 있다는 점이다.

해설

스포츠마케팅이란 스포츠를 이용해 제품 판매 확대를 목표로 하는 마케팅 기법이다. 스포츠마케팅 활동은 직접 사업과 간접 사업으로 구분된다. 직접 사업의 형태로는 방송중계의 광고를 독점하는 계약 형태로 중계권료를 지불하는 방송 후원, 행사비용을 부담하며 행사타이틀 사용권, 휘장사용권 등을 얻는 이벤트 후원, 특정 기업의 광고를 게재하는 매체 상품화 등이 있다.

간접 사업은 제품의 판매나 광고를 위해 스포츠와 관련된 개체의 이미지를 사용하는 것인데, 자사 제품 광고에 선수나 팀을 출연시키는 것과 로고, 사진 등을 부착해 판매하는 것은 모두 이에 해당한다.

정답 ③

Keyword

엠부시(ambush) 마케팅

월드컵 등 전 세계적으로 유명한 스포츠 이벤트가 열리면 기업들의 스포츠 마케팅도 덩달아 뜨거워진다. 특히 월드컵의 경우 '월드컵을 월드컵이라 부르지 않지만' 월드컵의 느낌이 물씬 풍기게 하는 마케팅 전략도 눈길을 끈다. 이는 공식후원기업 외 월드컵의 명칭을 쓰지 못하게 하는 규제를 교묘히 피해가는 마케팅 기법으로 '엠부시 마케팅' 또는 '매복 마케팅'으로 불리는 전략이다. 스포츠 이벤트에서 공식적인 후원업체가 아니면서도 광고 문구 등을 통해 스포츠 이벤트와 관련이 있는 업체라는 인상을 줘 고객의 시선을 모으는 판촉전략으로 스포츠 이벤트 기간에 후원사가 아닌 기업이 마케팅 효과를 극대화하는 데에 주로 활용한다.

142 신규 창업은 기업가 자신의 성취는 물론 사회 발전에 기여하는 새로운 가치 창출의 첫 걸음이 될 수 있다. 다음 중 신규로 회사를 창업하여 성공하는 데 필요한 요소로 가장 적합하지 않은 것은?

① 판매하려는 제품이나 서비스의 잠재 고객이 존재해야 한다.
② 사업의 구체화와 전개 과정에서 도움을 받을 수 있는 인맥이 있어야 한다.
③ 사업의 비전과 목표를 공유하는 동업자가 있어야 한다.
④ 경쟁력의 원천이 되는 기술이나 노하우를 갖고 있거나 살 수 있어야 한다.
⑤ 사업에 필요한 자본을 보유하고 있거나 외부에서 조달할 수 있어야 한다.

해설

많은 창업자들이 빠지기 쉬운 함정 가운데 하나는 자신이 생각한 아이디어의 기발함과 독특함에 스스로 매료된 나머지 그것을 구매하려는 의사를 가진 고객층이 충분히 존재하는가에 대한 냉정한 검토 없이 뛰어드는 것이다. 아무리 기업가 개인의 역량이 뛰어나더라도 아이디어 획득에서부터 제품 또는 서비스 출시에 이르기까지 다양한 단계에서 다른 사람들의 도움 없이 독자적으로 성공하기는 어렵다.

동업자들과 팀을 이뤄 창업을 하면 자본이나 역량을 서로 보완할 수 있는 장점이 있지만 통제력 분산이나 의사결정 지연과 같은 단점도 있으므로 공동 창업을 반드시 성공 요인으로 보기는 어렵다. 현대와 같은 자유경쟁 시장에서, 그것도 신생 기업이 성장 기틀을 마련하려면 기술이나 노하우와 같은 경쟁력 원천의 확보가 절대적으로 중요하다.

기업가가 자체적으로 창업 자본을 마련할 수 없더라도 금융회사나 엔젤투자자 등을 통해 외부에서 조달할 수 있는 길이 열려 있다.

정답 ③

Keyword

엔젤캐피털(angel capital)과 엔젤투자자

엔젤캐피털은 기술력은 있으나 자금이 부족한 창업 초기단계의 벤처기업에 투자하는 자금을 말하고, 엔젤투자자는 이런 벤처기업에 지분취득을 목적으로 자금을 투자하는 개인투자자를 말한다. 보통 담보 없이 기술력만을 보고 투자하는 것이므로 성공률이 10% 미만일 정도로 낮다. 벤처 캐피털이 주로 창업 후 완제품의 시장진입 후에 투자가 이루어진다면 엔젤 캐피털은 아이디어만 있고 제품이 없는 창업 초기단계에 자금공급을 하는 것이 특징이다. 엔젤 캐피털은 대개 개인투자자의 클럽 형태로 조직되며 직접 벤처기업에 투자하기도 하고 벤처기업에 대한 투자를 전문으로 하는 창업투자회사에 위탁돼 운영되기도 한다. 벤처기업이 직접 자금을 조달할 수 있는 길은 벤처전문 주식시장인 코스닥시장을 통하는 방법이 있지만 시장에 등록하기 위해서는 상당한 요건을 갖추어야 하기 때문에 본궤도를 오르기 전인 창업 초기단계의 벤처기업으로서는 엔젤 캐피털을 통한 자금조달이 가장 효과적이라고 할 수 있다.

143 후발개도국에 진출한 글로벌 기업의 임직원들은 아래의 예처럼 윤리적으로 문제가 될 수 있는 선택을 하게 되는 상황을 맞는 경우가 종종 있다고 한다. 이 같은 상황을 발생시키는 요인으로 볼 수 있는 것은?

> - 현지 밀수 조직이 출자했지만 기존 거래 업체에 비해 낮은 가격을 제시하는 업체와 원자재 구매 계약을 체결했다.
> - 생계수단이 없는 아이에게 일자리를 제공한다는 명분으로 11세 소녀를 현지 신발 공장에 고용하기로 했다.

① 진출 대상국 정부의 규제 완화
② 회사가 요구하는 과도한 성과 목표
③ 본국과 진출 대상국 경제 수준의 커다란 격차
④ 현지법인의 자본금 증자
⑤ 현지법인에 대한 최고경영진의 지대한 관심

해설

기업의 어떤 행위가 윤리적인지 아닌지에 대해서는 종종 명확한 잣대가 존재하지 않는 예가 많다. 더구나 기업이 후진국에 진출하는 경우에는 본국과 진출 대상국에서 통상적으로 적용되는 윤리적 기준이 달라 윤리적 딜레마에 빠질 수 있다. 예를 들어 밀수 조직의 자본으로 설립된 회사라도 해당 기업이 직접 불법을 자행하지 않으면 그 기업과 거래 관계를 맺는 것은 문제가 없다는 판단을 내릴 수 있다.

또한 생계수단을 제공한다는 명분으로 유아 노동 착취를 정당화할 가능성도 있다. 기업에서 임직원에게 무리한 성과 목표를 제시하면 임직원들이 경제적 목표를 지나치게 우선한 탓에 나중에 윤리적 문제가 발생돼 기업의 사회적 평판을 떨어뜨릴 수 있는 판단을 할 소지가 있다.

정답 ②

144 한국과 유럽연합(EU)의 자유무역협정(FTA) 발효가 다음 달로 다가왔다. 이에 대비한 한국 기업의 전략적 대응 방안으로 가장 적절하지 않은 것을 고르면?

① EU 시장에 수출하는 자사 제품의 브랜드 인지도 제고를 위해 현지 유명인사를 광고 모델로 섭외
② 유럽 기업과의 전략적 제휴를 통해 자사가 EU 지역에서 개발·생산한 제품의 한국 시장 판매 확대
③ 한국 시장에 신규로 수출하는 EU 기업이 늘어날 것에 대비하여 한국 내 유통업체들과의 제휴 관계 강화
④ 관세 장벽을 피하고 물류 비용을 절감하기 위해 EU 지역에서 직접 생산해 현지에 판매하는 물량 확대
⑤ EU산 제품의 한국 내 수입가격 인하에 대비하여 한국 시장에서 고객 충성도 유지를 위한 판촉활동 전개

해설

세계 최대 경제권인 EU와의 FTA는 한국 기업에 EU 시장에 대한 수출 여건 호전과 한국 시장에서의 글로벌 경쟁 격화라는 기회 및 위협 요인을 동시에 안겨주게 된다. 무엇보다도 EU 지역에 수출하는 제품이 관세 인하를 계기로 가격경쟁력을 갖게 되며, 이에 맞추어 브랜드 인지도를 높이게 되면 시장 점유율을 큰 폭으로 높일 수 있다.

반면 한국으로 수입되는 EU산 제품의 가격 역시 관세 인하로 낮아지게 되는데, 한국 기업들은 이에 대비하여 한국 내 기존 고객의 충성도를 확보하고 유통업체와의 관계를 돈독히 하는 등 시장 방어 전략을 전개할 필요가 있다.

한국 시장을 겨냥한 제품을 EU 지역에서 개발·생산하는 것도 수입 관세 인하를 또 다른 기회로 활용하는 방안이 될 수 있다.

EU 시장에 판매할 제품을 현지에서 생산하는 것은 관세 장벽이 높은 경우에 더 유효한 전략으로 볼 수 있으며, 따라서 FTA에 대비한 전략과는 거리가 멀다.

정답 ④

Keyword

치프 밸류(chief value)

한·EU FTA 발효에 따라 명품 시장에서도 '리얼(real) 명품'과 '어셈블리(assembly) 명품'으로 구분한다. 리얼 명품은 프랑스와 이탈리아 등 EU권 내에서 생산한 제품이다. 어셈블리 명품은 명품 본산지로 불리는 프랑스와 이탈리아 등지에선 디자인과 마지막 부품 조립 작업만 하고 실제 생산은 인건비와 원자재비가 적게 드는 제3국에서 만든 럭셔리 상품을 빗댄 말이다. 그동안 소문만 무성하고 확인할 수 없었던 이른바 어셈블리 명품 실체가 이번 FTA를 계기로 수면 위로 떠오르고 있는 것이다. 어셈블리 명품의 경우 소비자들이 받는 상품에 '메이드 인 프랑스', '메이드 인 이탈리아' 태그가 붙어 있어도 '치프 밸류'에 걸려 관세 철폐 효력이 없다. 치프 밸류는 제품에서 원산지가 차지하는 비율을 따지는 규정으로 제3국 생산 비중이 높으면 서류상 원산지는 제3국이 되기 때문이다.

145 마케팅 콘셉트를 기업 비전과 사명(vision & mission)으로 채택한 기업들이 이익 극대화를 사명으로 채택한 기업들에 비하여 더 높은 이익을 거두고 있다는 연구 결과가 늘어나고 있다. 다음 중 마케팅 콘셉트에 가장 가까운 것은?

① 소비자들은 저렴하고 쉽게 구입할 수 있는 상품을 선호한다.
② 소비자들은 그냥 놓아두면 상품을 충분히 구매하지 않는다.
③ 소비자들은 자신에게 더 큰 가치를 제공하는 상품을 선호한다.
④ 소비자들은 다양한 상품을 한 곳에서 구입하는 것을 선호한다.
⑤ 소비자들은 최고 품질, 최고 성능, 가장 혁신적인 상품을 선호한다.

해설

기업 경영 철학으로서 마케팅 콘셉트는 생애가치가 높은 고객에게 경쟁자보다 더 큰 가치를 제공하는 것을 기업의 사명으로 삼고, 이익은 이러한 사명을 충실히 실천함으로써 자연히 얻어지는 결과라고 믿는 것이다.

문제에서 문항 ①은 원가 절감과 광범위한 유통을 강조하는 생산 콘셉트라 할 수 있다. ②는 적극적인 판매 노력을 강조하는 판매 콘셉트, ③은 고객에게 경쟁사에 비해 더 큰 가치를 제공하여야 함을 강조하는 마케팅 콘셉트다. ④는 소비자 성향 중 하나인 '원스톱 쇼핑'을 의미하고 ⑤는 품질 향상과 혁신적인 신상품 개발이 강조되는 제품 콘셉트다.

정답 ③

146 시장세분화(market segmentation)에 대한 설명으로 옳지 않은 것은?

① 시장세분화는 일반적으로 인구통계, 심리분석 및 행동분석 변수들이 많이 사용된다.
② 세분시장은 제품단위 또는 고객의 혜택 수준 등 어떤 기준에서 정하느냐에 따라 영향을 받게 된다.
③ 시장세분화는 시장 내에서 분류될 수 있는 집단들 간의 동질성을 분석해 표적시장을 도출하는 데 활용한다.
④ 시장세분화의 기준으로는 하나의 변수만을 사용하는 것보다는 여러 가지 변수를 동시에 사용하는 것이 바람직하다.
⑤ 시장세분화의 초점은 기업과 고객들의 거래가 가장 효과적이고 효율적으로 수행될 수 있는 시장을 파악하는 과정이다.

해설

시장세분화란 기업이 이질적 욕구를 가진 다양한 소비자들의 집합인 하나의 시장을 특정 제품군에 대한 태도, 의견, 구매행동 등에서 비슷한 성향을 가진 소비자 집단으로 묶는 과정을 의미한다. 이러한 분할은 고객들과의 거래 효과성과 효율성을 향상시키기 위해 이루어지는 것이다. 따라서 시장세분화는 시장 내의 '이질성'을 분석해 비교적 동질의 하부시장을 파악하고 이 정보를 표적시장의 도출에 활용하는 것이다.

시장세분화의 기준은 지리적 변수, 인구통계적 변수, 심리통계적 변수, 행동적 변수, 생활양식 등이 있으며 일반적으로 여러 변수를 동시에 사용하고 있다.

정답 ③

147 '경영전략의 대가'로 불리는 하버드 경영대학원 마이클 포터 교수가 주장하는 '기업의 경쟁우위 확보전략'을 모두 고르면?

> ㉠ 특정 산업, 지역, 혹은 고객에 집중
> ㉡ 가격은 비싸지만 차별되는 제품이나 서비스를 제공
> ㉢ 경쟁자보다 전반적으로 저렴한 제품이나 서비스를 공급
> ㉣ 끊임없이 새로운 제품을 개발하거나, 서비스를 제공하거나, 시장을 개척

① ㉠　② ㉡, ㉢　③ ㉢, ㉣　④ ㉠, ㉡, ㉢　⑤ ㉡, ㉢, ㉣

해설

포터가 제시한 기업의 경쟁전략은 경쟁자보다 낮은 원가 혹은 차별화라는 두 가지 경쟁우위 요소와 경쟁의 범위를 시장 전체로 볼 것인지 혹은 특정 시장으로 할 것인지의 복합적인 의사 결정으로 볼 수 있다.

시장 전체를 목표로 삼을 경우 경쟁기업보다 더 낮은 가격의 원가 우위 전략을 구사하여 가격 측면에서 경쟁자를 따돌릴 수 있다. 반대로 차별화 전략을 선택하여 프리미엄 가격에 독특하다고 인식되는 차별화된 가치를 제공하여 소비자를 만족시킬 수 있다. 또 전체 시장 대신 특정 시장이나 틈새시장을 발굴하여 그곳을 집중적으로 공략하는 집중화 전략을 구사할 수도 있다.

포터 교수는 이들 전략 중 한 가지를 선택하고 지속적으로 집중한다면 기업은 경쟁우위를 가질 수 있고 장기적으로 진입장벽을 구축하지만, 한 번에 둘 이상의 전략을 선택해 이도 저도 아닌 전략에 머무는 것(stuck in the middle)은 좋은 전략이 아니라고 주장했다.

정답 ④

148 시장 세분화 및 타기팅 전략 중 가장 부적절한 항목을 고르면?

① 각 세분집단은 표적시장으로 선택할 수 있을 정도의 크기와 수익성을 갖고 있어야 한다.
② 각 세분집단의 고객은 해당 마케팅 활동에 서로 다르게 반응하는 것이 바람직하다.
③ 각 세분집단을 평가할 때는 각 세분집단의 매력도뿐 아니라 해당 기업의 목표와 자원을 고려해야 한다.
④ 세분화 변수로 편익과 같은 행위적 변수보다 인구통계적 변수를 쓰는 것이 낫다.
⑤ 세분집단의 수를 너무 많이 설정하는 것은 바람직하지 않다. 세분시장별로 차별화된 마케팅 프로그램을 수행하기 위해선 자원이 필요하기 때문이다.

해설

①·②·⑤항목은 효과적인 세분화를 위한 조건을 설명한 것으로 모두 올바르다. 마찬가지로 ③은 타기팅의 가장 중요한 원칙이라 할 수 있다. 반면 ④의 세분화 변수에 대한 설명은 올바르지 않다. 대표적인 시장 세분화 변수에는 지리적 변수(도시, 우편번호 등), 인구통계적 변수(나이, 성별, 직업 등), 사이코그래픽 변수(취미 등의 라이프스타일 변수), 행위적 변수(예: 제품에 대한 태도, 사용빈도, 편익 등)가 있다. 마케팅 관리자는 보통 각 세분집단에 속한 고객의 구매행위가 동질적인 방식으로 시장을 세분화하기 원한다.

정답 ④

149 제품의 포지셔닝(positioning)에 관한 설명으로 가장 거리가 먼 것은?

① 효과적인 포지셔닝을 위한 마케팅 커뮤니케이션은 일관성뿐 아니라 반복성도 중요하다.
② 일반적으로 한 번 정해진 포지셔닝 전략은 장기적으로 꾸준히 갖고 가는 것이 바람직하다.
③ 포지셔닝은 제품의 속성, 사용상황, 제품사용자, 경쟁제품 등 다양한 이슈로 이루어진다.
④ 오늘날 경쟁제품이 많은 시장상황에서 자사제품의 차별적 이미지를 소비자에게 인식시키기 위해서는 일관된 마케팅 커뮤니케이션이 중요하다.
⑤ 세분된 시장 중 표적시장을 정한 후 경쟁제품과는 다른 자사제품의 차별적 요소를 표적시장 내 목표고객의 머릿속에 인식시키기 위한 마케팅활동이 포지셔닝이다.

해설

제품의 포지셔닝은 어떤 제품이 경쟁제품과는 다른 차별적인 특징을 갖도록 하여 표적시장 내의 소비자 욕구를 보다 더 충족시킬 수 있음을 소비자 인식 속에서 위치시키는 것으로 광고, 포장, 디자인, 촉진활동 등의 수단을 총동원해 소비자 인식에 영향을 준다.

오늘날 각종 제품과 정보의 홍수로 인해 자사 제품을 소비자의 인식 속에 뚜렷하게 위치시키는 일은 갈수록 어려워지고 있으므로, 명확한 커뮤니케이션을 일관되게, 그리고 반복적으로 집중해서 실행할 필요가 있다.

그러나 포지셔닝 전략은 시간의 흐름과 경쟁환경의 변화에 따라 당초 포지셔닝이 더 이상 적절하지 않을 수도 있기 때문에, 제품의 처음 포지셔닝을 다시 설정해야 하는 경우가 흔하다.

장기적으로는 시장상황에 맞게 포지셔닝을 바꾸는 '리포지셔닝' 전략이 있어야 한다. 예를 들어 J&J의 베이비로션은 처음에는 유아층을 타깃으로 포지셔닝했으나 시간이 흐르고 유아층의 인구가 감소함에 따라 청소년층과 연약한 피부를 가진 성인여성을 타깃으로 해 순한 화장품으로 리포지셔닝했다.

정답 ②

150 중부권 대도시에 있는 한국대학교 경영대학은 지역 중소기업인들을 대상으로 한 단기 경영교육과정을 개설하기로 결정했다. 당신이 이 교육과정의 고객을 유치하기 위한 마케팅 계획을 수립할 책임자라고 할 때 마케팅 계획 보고서에서 고려해야 할 마케팅 믹스(marketing mix)로 가장 거리가 먼 것은?

① 경쟁교육기관 ② 제품
③ 가격 ④ 유통
⑤ 촉진

해설

마케팅 계획을 수립할 때 마케팅 관리자가 통제할 수 있는 변수를 마케팅 믹스(marketing mix)라 부른다. 즉, 교육과정에서 수강생 유치라는 마케팅 목표를 달성하기 위해 고려해야 할 핵심 마케팅 변수들이 마케팅 믹스다.

마케팅 환경이나 제품·서비스의 종류에 따라 다소 차이가 있을 수 있긴 하지만, 대부분 마케팅 교과서는 필히 고려해야 할 마케팅 믹스로 제품(product), 가격(price), 유통(place or channel), 촉진(promotion)의 네 가지 마케팅 변수를 든다. 이를 마케팅의 4P라고도 부른다.

교육과정에서 제품과 관련된 의사결정 사항으로 교육과정 교과목 리스트, 교육 진행시간, 강사 등을 들 수 있다. 교육과정 수강료, 결제 방식 등이 가격과 관련된 의사결정 사항이라면, 교육장소는 유통과 관련된 의사결정 사항이라 할 수 있을 것이다.

정답 ①

151 신제품 판매(launching)에 관한 설명으로 가장 거리가 먼 것은?

① 시험 마케팅에서 긍정적인 결과가 나왔다면 신상품 판매계획을 수립해 시장에 내놓는다.
② 경쟁 기업보다 늦게 진입하는 경우 시장에서 제기된 문제점을 해결한 후 판매할 수 있다.
③ 신제품 판매 시기와 지역뿐만 아니라 가격 촉진, 유통 등에 관련된 마케팅 전략도 신제품의 성공에 중요하다.
④ 첨단 신제품의 경우 판매 초기 시장에서의 성공은 그 제품의 성공을 암시하는 중요한 지표다.
⑤ 초기 수용자(early adopters)는 신제품의 혁신성을 높이 평가하는 반면, 메인 마켓(main market)의 조기 다수 소비자(early majority)는 신제품의 실용적 가치를 더 중요하게 생각한다.

해설

신제품 개발 과정을 충실하게 이행하고, 시험 마케팅에서 긍정적 결과가 나왔더라도 신제품을 내놓는 시기와 지역 등에 관한 판매계획이 잘못된다면 시장에서 성공할 확률은 높지 않을 수 있다. 초기 진입의 경우는 경쟁 제품보다 먼저 유통경로를 확보하고 선점할 수 있으며, 후발 진입은 시장에서 제기된 문제점을 해소한 후 판매를 시작할 수 있다. 첨단 신제품의 경우 초기 수용자층의 폭발적 구매에 힘입은 초기 시장에서 성공했더라도 시간이 흐르면서 신제품의 실용성을 중요시하는 조기 다수 소비자층을 중심으로 한 메인 마켓에서는 급격한 매출 감소나 정체를 겪는 경우가 적지 않다. 이와 같은 단절 현상을 캐즘(chasm)이라고 한다.

정답 ④

152 기업의 신제품 개발 과정에 대한 설명으로 옳지 않은 것은?

① 신제품 여부를 구분하는 가장 중요한 기준은 소비자가 이전 제품과 차별성을 느끼는가 하는 것이다.
② 신제품 개발 아이디어의 원천은 기업 외부적 원천보다 기술 개발이나 연구개발(R&D) 활동 등 기업 내부적 원천이 더 중요하다.
③ 아이디어 창출 단계에서는 가능한 한 많은 아이디어를 찾는 데 중점을 둔다면 아이디어 추출 단계에서는 성공 가능성이 높은 아이디어를 선별하는 데 그 중점을 둔다.
④ 신제품 콘셉트란 추출된 소수의 아이디어를 소비자 관점에서 언어 및 그림 등의 커뮤니케이션 수단을 통해 구체화시킨 것이다.
⑤ 시험(test) 마케팅을 위한 시장은 표준시험시장, 통제된 시험시장, 모의시험시장 세 가지로 나눌 수 있다.

해설

신제품 개발 과정은 아이디어 창출(creation), 아이디어 추출(screening), 제품 콘셉트 개발 및 테스트, 마케팅 전략 수립, 사업성 분석, 제품 개발, 시험(test) 마케팅, 신제품 출시 8단계로 이루어진다. 기업이 새 상품을 내놓더라도 소비자가 물리적·화학적 속성, 상징성 및 부수적 서비스를 기준으로 이전 제품과의 차별성을 느끼지 못한다면 신제품이라고 할 수 없다.

신제품 여부를 구분하는 가장 중요한 기준은 소비자가 어떻게 생각하느냐에 달려 있는 것이다. 신제품 개발의 아이디어 원천은 내부적 원천과 외부적 원천으로 나눌 수 있는데, 두 원천 모두 중요하다.

기업 내부의 기술 개발 및 연구개발(R&D) 활동을 통해서 아이디어가 제공될 뿐 아니라 CEO로부터 영업사원까지 각 층 모두 아이디어 원천이 될 수 있다. 기업 외부의 아이디어 원천으로는 고객, 경쟁업체, 유통업체, 공급업자 등이 있다.

정답 ②

153 가격전략에 관한 설명으로 가장 거리가 먼 것은?

① 성숙기에는 가격경쟁이 치열해짐에 따라 가격인하 및 가격할인이 주요 마케팅 수단이 된다.

② 최소한 얼마만큼을 판매하여야 손실을 면할 수 있을 것인가에 대한 답은 손익분기점 분석을 하면 된다.

③ 빈번한 가격할인은 소비자들이 정상가격과 할인가격을 혼동하게 하고, 브랜드가치에 부정적인 영향을 줄 수 있다.

④ 가격을 결정하려면 소비자의 심리적 요소를 분석하여 적용하는 것이 필요하며, 단수가격, 관습가격, 명성가격 등이 그 예다.

⑤ 제품의 판매를 촉진시키기 위해서 현금 환불을 실시하곤 하는데 이로써 비수기에도 생산의 수준을 맞출 수 있고 자금의 흐름을 원활히 할 수 있다.

해설

기업은 손익분기점 이상에서 제품가격을 책정함으로써 손실을 면할 수 있다. 단수가격이란 가격의 단위를 1,000원이 아닌 990원 등으로 설정해서 소비자들이 심리적으로 싸게 느끼도록 하는 것이다.

소비자들이 껌·라면과 같은 제품에 대해서는 관습적으로 당연하다고 느끼는 가격이 있을 때, 그 가격에 맞춰 제품의 가격을 결정하는 것이 관습가격이다. 가격이 높을수록 품질이 좋다고 인식되는 제품에 대해서는 가격을 오히려 높일 때 수요가 증가하는 현상이 있는데 이런 가격을 명성(권위)가격이라 한다.

일정 기간 만들어진 제품의 판매를 촉진시키기 위해 현금 환불을 실시하곤 하는데 이러한 방법은 재고를 정리하는 데 유용하게 쓰인다. 반면, 계절 등의 이유로 성수기와 비수기에 가격 차이를 두어 책정하는 가격조정은 비수기에도 생산의 수준을 맞출 수 있고 자금의 흐름을 원활히 할 수 있다.

정답 ⑤

154 기업은 시장점유율을 높여 이익을 극대화하기 위해 시간, 지역, 구매 특성, 제품에 따라 가격 차별화를 시도하고 있다. 다음 중 가격 차별화 전략에 관한 설명으로 가장 거리가 먼 것은?

① 대량 구매를 하는 소비자들은 일반적으로 가격에 비탄력적이므로 대량 구매자에게 할인요금을 적용한다.
② 여행상품에서 볼 수 있는 성수기와 비수기에 따른 가격 차별화는 이용시간에 따른 가격 차별화 전략 사례다.
③ 박물관이 학생에게 할인을 해주는 이유는 학생들 유보가격(박물관 이용을 위해 기꺼이 지불하려는 가격)이 일반인보다 더 낮기 때문이다.
④ 어학원에서 영어회화, 문법을 동시에 수강하면 할인해 주는 것은 묶음 가격에 따른 가격 차별화 전략 사례다.
⑤ 체인점 가운데 경쟁사 점포에 인접한 점포의 가격을 낮게 책정한다면 지역에 따른 차별화 전략을 시행한 것이다.

해설

마케팅 수단으로서 가격 차별화 방법은 시간을 중심으로 한 차별화 전략, 지역을 중심으로 한 차별화 전략, 구매자와 구매 특성 관련 차별화 전략, 제품과 관련하여 차별화하는 전략(제품 디자인에 의한 가격 차별화 전략, 묶음가격에 의한 차별화 전략) 등 네 가지로 구분할 수 있다. 대량 구매자는 가격에 탄력적이므로 할인요금을 적용하는 이유가 된다. 또 이들은 구매량이 많아 판매업체 간 가격 경쟁을 야기하기도 하고, 한 번에 구매하는 양이 증가함에 따라 단위운송과 주문처리비용이 감소하기 때문에 대량 구매자의 단위비용이 낮아서 할인요금을 적용하는 이유도 있다.

정답 ①

155 편의상 '판촉'이라 부르는 판매촉진(sales promotion)은 고객이 특정 상품을 구입하도록 인센티브를 제공하는 것이다. 다음 중 판매촉진과 가장 거리가 먼 것은?

① 고객 데이터베이스를 구축할 수 있고 고객 이탈을 방지하는 데 효과적인 판촉은 마일리지 프로그램이다.
② 경쟁사 제품 대신 자사 상품을 시험 구매하거나 반복 구매하도록 유도하기 위한 할인쿠폰은 효과적인 판촉 수단이다.
③ 소비자들이 특정 상품을 구매하도록 유도하기 위해 소매 점포 내에 눈에 잘 띄게 진열해 놓는 것도 소비자 판촉 중 하나다.
④ 기업이 직·간접으로 관련이 있는 여러 집단들과 좋은 관계를 구축하고 유지함으로써 이미지를 높이고 구매를 촉진하는 활동이다.
⑤ 도매업자나 소매업자를 대상으로 인센티브를 제공하는 거래처 판촉 또는 유통업체 판촉도 함께 시행한다.

해설

판매 촉진에는 제조업체가 소비자를 대상으로 하는 소비자 판촉과 중간상을 대상으로 하는 거래처 판촉, 유통업체 판촉을 포함하는 중간상 판촉이 있다. 소비자 판촉에는 할인쿠폰, 보너스팩, 보상판매, 샘플, 사은품, POP, 마일리지 프로그램 등 다양한 기법이 있으며, 각 기법이 목표하는 효과도 상이하다. 기업이 여러 집단과 좋은 관계를 유지하며 이미지를 높이고 구매를 촉진하기 위해 벌이는 활동은 PR(Public Relations)에 관한 설명이다.

정답 ④

156 기업의 마케팅 전략에서 촉진(promotion) 관리에 관한 설명으로 가장 거리가 먼 것은?

① 광고, PR, 그리고 소비자 위주 판매촉진으로 대표되는 풀(pull) 전략이 있다.
② 인적 판매와 각종 중간상 위주의 판매촉진으로 구성되는 푸시(push) 전략이 있다.
③ 풀 전략과 푸시 전략을 함께 적절하게 구현하는 것은 촉진 관리에서 매우 중요하다.
④ 일반적으로 풀 전략은 최종 구매자들의 브랜드 애호도가 낮고, 브랜드 선택이 점포 안에서 이루어지는 상품에 적합하다.
⑤ 풀 전략의 주 목표는 최종 구매자들로 하여금 자사 상품을 찾게 만듦으로써 결국 유통업자들이 그 상품을 취급하게 만드는 데 있다.

해설

만일 상점에 들어가서 소비자인 내가 A브랜드를 달라고 하면 이것은 풀 전략의 효과일 확률이 높다. 그런데 이때 상점 점원이 내가 찾는 A브랜드 대신에 B브랜드를 권하는 사례가 있는데 이것은 푸시 전략의 영향일 가능성이 매우 크다. 이렇듯 쇼핑의 현실에서는 풀 전략과 푸시 전략이 공존할 때가 많으며 기업은 두 전략을 적절하게 함께 활용하여야 한다.

풀 전략은 많은 소비자가 자사 상품을 찾음으로써 유통업자들이 그 상품을 취급하게 만드는 목표를 갖고 있으며, 구체적으로는 제조업자가 최종 구매자들을 대상으로 하여 주로 광고와 판매 촉진 수단들을 동원하여 촉진활동을 하는 것이다. 푸시 전략은 최종 구매자들의 브랜드 애호도가 낮고, 브랜드 선택이 점포 안에서 이루어지며, 충동구매가 작은 상품에 적합하다. 풀 전략은 최종 구매자들의 브랜드 애호도가 높고, 브랜드 선택이 점포에 오기 전에 이미 이루어지며, 관여도가 높은 상품에 적합한 것으로 알려져 있다

정답 ④

157 제품 및 브랜드 관리에 대한 설명으로 가장 옳지 않은 것은?

① 소비자의 높은 충성도, 타사 대비 높은 시장 점유율 등은 높은 브랜드 자산으로 더욱 수월하게 달성될 수 있다.
② 브랜드 자산은 브랜드의 이름과 관련되어 형성된 자본과 부채의 합으로 계산된다.
③ 제품계열의 폭(width) 또는 수에 관한 의사결정이 기업의 목표와 관련된 것이라면, 제품계열의 길이에 관한 의사결정은 마케팅 목표와 더 관련이 깊다.
④ 브랜드 자산을 형성하는 요소들에는 브랜드 명뿐 아니라 그 브랜드 명 또는 그 브랜드의 특징을 시각적으로 보여주기 위해 사용하는 로고, 심벌 등도 포함된다.
⑤ 일회성보다는 지속적인 광고를 통해 타깃으로 선정한 소비자들에게 브랜드 명을 충분히 노출시킨다면 소비자의 브랜드 인지도는 향상될 수 있다.

해설

제품계열의 수가 적은 경우에는 기업의 매출 및 시장점유율이 저조할 수 있으며, 반대로 제품계열의 수가 과도하게 많은 경우에는 많은 비용을 필요로 하게 되어 수익성을 악화시킬 수 있다. 따라서 적정한 제품계열의 폭을 유지하여 기업의 경쟁력을 강화하는 것이 중요하다. 반면, 제품계열의 길이는 하나의 계열 안에 몇 가지 품목이 있는가를 말하는 것이므로 기업 최고 경영진의 의사결정이기보다는 마케팅 담당자의 의사결정 사항일 가능성이 더 높다.

브랜드 자산은 브랜드 명과 관련되어 형성된 자산의 총액에서 부채를 뺀 것으로 브랜드가 있음으로써 소비자와 기업에 그 제품의 가치를 증가시키는 경우에 그 브랜드의 자산가치가 높다고 말할 수 있다. 브랜드의 인지도를 높이고, 호의도를 강화하는 대표적인 방법으로 광고가 많이 활용되며, 브랜드 자산의 강화 정도는 구체적인 광고 전략에 따라 달라진다.

정답 ②

158 브랜드 자산 활용에 관한 설명으로 가장 거리가 먼 것은?

① 마케팅 비용 절감과 관리 효율성 측면에서 브랜드 자산 활용은 증가하고 있다.
② 공동브랜드는 여러 하위 제품군을 아우른다는 뜻에서 '우산 브랜드'라고 불린다.
③ 공동브랜드는 기업 브랜드와 유사하게 여러 제품 범주에 걸쳐 공통적으로 사용되는 브랜드다.
④ 신제품 실패로 인한 파급효과 위험부담이 크거나 혹은 이를 피하고자 할 때는 브랜드 확장 전략이 효과적이다.
⑤ 한 가지 제품이 시장에서 어떤 사건으로 인하여 브랜드 이미지가 나빠졌을 때 그러한 부정적 영향은 공동브랜드를 사용하는 다른 제품들에도 부정적인 영향이 파급될 수 있다.

해설

브랜드 자산을 적절히 활용한다면 기업은 마케팅 비용을 절감하고 관리 효율성을 높일 수 있다. 이러한 브랜드 자산 활용 방법에는 공동상표 전략과 브랜드 확장 전략이 대표적이다. 기업들이 공동브랜드를 사용하는 이유는 공동브랜드로 제품 간 구체적인 연상작용을 소비자들에게 형성하게 하여 신제품에 대한 소비자들 수용 가능성을 높이는 효과 등 마케팅 효율성을 개선할 수 있기 때문이다.

물론 공동브랜드 전략에 따른 단점도 있다. 하나의 제품에서 비롯된 부정적인 이미지가 공동브랜드를 사용하고 있는 다른 제품에도 악영향을 미칠 수 있다. 이러한 위험요인을 피하기 위해 공동브랜드 대신 개별브랜드 전략을 선택하는 기업도 있다.

그렇다고 해서 개별브랜드 전략을 취하는 기업이 브랜드 자산을 활용하지 않는 것은 아니다. 공동브랜드 전략이든 개별브랜드 전략이든 많은 기업은 잘 관리된 높은 자산가치를 갖는 자신의 브랜드를 새로운 제품군으로 진출할 때 브랜드 확장전략을 통해 적극 활용하고 있다. 즉, 이미 잘 알려진 성공적인 브랜드를 새로운 제품군에서 신제품 출시에 활용하는 것이다.

정답 ④

159 브랜드(brand)는 기업이나 해당 상품에 부가적인 가치를 제공하는 중요한 무형자산이다. 다음 중 브랜드에 대한 설명으로 옳지 않은 것은?

① 브랜드의 인지도를 높이고 호의도를 강화하는 방법으로 광고가 많이 활용된다.
② 소비자들의 신제품에 대한 위험을 감소시켜 주는 역할을 브랜드가 한다.
③ 브랜드 인지도는 크게 브랜드 회상(recall)과 브랜드 인식(recognition)으로 나뉜다.
④ 많은 기업들이 자신의 브랜드 자산(brand equity)을 활용하기 위해 개별 상표 전략을 쓴다.
⑤ 기업 명이나 브랜드 또는 기업들의 특징을 시각적으로 보여주기 위하여 사용하는 것이 로고나 심벌이다.

해설

브랜드 인지도는 인식(재인)과 회상으로 나뉘는데, 브랜드 인식은 특정한 브랜드에 노출됨으로써 제품을 구매하는 경우에 가장 큰 구매요인으로 작용한다. 그리고 브랜드 회상은 구매시점 이전에 자신이 선택해야 할 브랜드를 생각해 내야 할 때 중요하게 작용한다.

브랜드 자산은 소비자가 갖는 브랜드에 관한 인지도 및 호의도가 높은 경우에 더욱 강화된다.

브랜드 자산은 브랜드, 로고, 심벌, 그리고 광고에 대한 구체적인 전략에 의해서 강화될 수 있다.

신제품에 기존의 잘 알려진 브랜드를 확장하는 전략은 기존 브랜드에 대한 믿음을 신제품에 전이시킴으로써 신제품에 대한 위험을 감소시켜준다.

마케팅비용의 절감과 관리의 효율성 차원에서 개별브랜드 전략보다는 공동상표 전략과 브랜드 확장 전략이 브랜드 자산의 활용에 대표적인 방법이다.

정답 ④

160 고객관계관리(CRM)에 대한 설명으로 옳지 않은 것은?

① 고객과의 장기적인 관계를 구축하는 활동이다.
② 단기적 영업실적 향상을 위한 고객 관련 제반 시스템이다.
③ 신규 고객 유치와 기존 고객 유지를 추구한다.
④ 기술을 기반으로 한 영업, 마케팅 및 대고객 서비스 영역을 자동화하고 개선시키는 프로세스다.
⑤ 다양한 경로를 통해 고객 정보를 지속적으로 수집하고 이를 바탕으로 고객의 행동을 분석 및 예측하여 효과적이고 효율적인 고객 관리에 활용하는 과정이다.

해설

CRM은 고객관리에 필수적인 요소, 즉 기술 인프라스트럭처, 시스템 기능, 사업 전략, 영업 프로세스, 조직의 경영능력, 고객과 시장에 관련된 영업 정보 등을 고객 중심으로 정리 및 통합하여 고객과의 장기적인 관계를 구축하고, 기업 및 조직의 지속적인 운영, 확장, 발전을 추구하는 고객 관련 제반 프로세스 및 활동을 의미한다.

CRM의 구체적인 과정은 신규 고객 유치 단계, 장기적인 고객 관계 유지 단계, 평생 고객화 단계의 세 단계로 이루어진다. 마케팅을 프로세스로 정의 내리는 것과 마찬가지로 CRM을 고객 관련 제반 프로세스 및 활동으로 정의하는 것은 중요하다. CRM을 단순하게 시스템으로 해석할 때 기업에 효과가 거의 없다는 것은 여러 경험적·실증적 연구에서 확인된 바 있다.

정답 ②

161 통합적 마케팅 커뮤니케이션(IMC, Integrated Marketing Communications)에 대한 설명으로 옳지 않은 것은?

① 효과적인 IMC 과정을 위해서는 피드백 채널이 유지되어야 한다.
② 고객을 설득하는 과정으로서 촉진(promotion) 전략의 핵심 개념이다.
③ 촉진 수단 중 어느 하나만을 단독 사용할 때 마케팅 믹스 전략은 큰 효과를 거둔다.
④ 소비자들은 메시지를 자의적으로 변형하여 수용하는 경향이 있기 때문에 IMC가 필요하다.
⑤ 소비자들은 선택적으로 주의를 기울이기 때문에 IMC는 소비자가 접하는 자극들 모두를 관리해야 한다.

해설

광고, 판매촉진, PR 등 다양한 커뮤니케이션 수단들에 대한 전략적인 역할을 비교·검토하고, 명료성과 정확성 그리고 커뮤니케이션 효과를 최대한 거둘 수 있도록 이들을 통합하는 총괄적인 계획을 수립하는 과정이 IMC다. 따라서 어떤 촉진믹스 요소 하나에만 전적으로 의존하기보다는 다른 요소와 함께 통합적으로 사용하는 것이 바람직하다. 특히 마케팅 커뮤니케이션 과정을 둘러싼 환경에는 상당한 잡음이 존재한다. 따라서 소비자들은 모든 자극에 주의를 기울이지 못할 뿐 아니라 자신이 듣고 싶어하는 것을 듣는 경향이 있어 메시지를 자의적으로 변형하여 수용하기도 한다. 그래서 매체를 통해 메시지를 보낼 때는 소비자가 수신한 메시지에 대해 어떤 반응을 하는지 알아낼 수 있도록 피드백 채널을 유지해야 한다.

정답 ③

162 유비쿼터스 환경에서 주목받고 있는 세분시장, 즉 온라인커뮤니티에 관한 설명으로 가장 거리가 먼 것은?

① 1촌, 친구, 가족 등과 같은 관계형 공동체의 형태를 지니는 가상공동체다.
② 네트워크로 연결되어 있으며 물리적·시간적 제약에 영향을 받지 않는다.
③ 경제적 인센티브나 사회적인 혹은 사교적인 즐거움을 수반하지 않는 온라인커뮤니티는 생명력이 강하다.
④ 인터넷 서비스를 매개로 공통의 관심사를 가지고 있는 사람들이 모여 의견과 정보를 교환하고 상호작용한다.
⑤ 커뮤니티에 대한 충성도는 브랜드 충성도로 연결되기 때문에 커뮤니티를 타깃으로 한 마케팅은 충성고객을 효과적으로 확보할 수 있다.

해설

빠르게 변화하는 환경에서 오늘날의 소비자는 인터넷에서도 새로운 형태의 세분시장을 형성하고 있다. 세분시장 가운데에서 주목하여야 할 것이 가상공동체(virtual community) 또는 온라인커뮤니티다. 이러한 커뮤니티는 구성원 간의 관계 및 관계망(네트워크)을 통해서 형성되고 성장하고 있다.

또한 경제적인 인센티브나 사회적인 혹은 사교적인 즐거움은 이러한 커뮤니티의 성장에 결정적 역할을 하기도 한다. 그런 이유에서 기업은 커뮤니티에 대한 마케팅 중요성을 인지하고 있으며, 소비자들 사이에서 자생적으로 만들어진 커뮤니티와는 별도로 기업은 기업이 주도한 브랜드 중심의 커뮤니티를 적극적으로 지원하기도 한다. 기업에는 브랜드 중심 커뮤니티가 수익을 보장하는 일종의 관문 역할을 하기도 한다.

정답 ③

매경TEST 핵심 예제 162선 II

초판 1쇄 2011년 11월 1일

엮은이 매일경제 경제경영연구소
펴낸이 윤영걸 **담당PD** 성영은 **펴낸곳** 매경출판㈜
등 록 2003년 4월 24일(No. 2-3759)
주 소 우)100-728 서울 중구 필동1가 30번지 매경미디어센터 9층
전 화 02)2000-2610(편집팀) 02)2000-2636(영업팀)
팩 스 02)2000-2609 **이메일** publish@mk.co.kr
인쇄·제본 ㈜M-print 031)8071-0961

ISBN 978-89-7442-782-5
값 13,000원